Jürgen Hagmüller

Publizitätsverhalten von Unternehmen

GABLER EDITION WISSENSCHAFT

Jürgen Hagmüller

Publizitätsverhalten von Unternehmen

Eine Corporate Governance-Perspektive

Mit einem Geleitwort von Prof. Dr. Ulf Schiller

GABLER EDITION WISSENSCHAFT

Bibliografische Information Der Deutschen Nationalbibliothek
Die Deutsche Nationalbibliothek verzeichnet diese Publikation in der
Deutschen Nationalbibliografie; detaillierte bibliografische Daten sind im Internet über
<http://dnb.d-nb.de> abrufbar.

Dissertation Universität Bern, 2007

Inauguraldissertation zur Erlangung der Würde eines Doctor rerum oeconomicarum der Wirtschafts- und Sozialwissenschaftlichen Fakultät der Universität Bern.

Die Fakultät hat diese Arbeit am 14.06.2007 auf Antrag der beiden Gutachter Prof. Dr. Ulf Schiller und Prof. Dr. Jochen Bigus als Dissertation angenommen, ohne damit zu den darin ausgesprochenen Auffassungen Stellung nehmen zu wollen.

1. Auflage 2008

Lektorat: Frauke Schindler / Nicole Schweitzer

Der Gabler Verlag ist ein Unternehmen von Springer Science+Business Media.
www.gabler.de

Umschlaggestaltung: Regine Zimmer, Dipl.-Designerin, Frankfurt/Main
Gedruckt auf säurefreiem und chlorfrei gebleichtem Papier
Printed in Germany

ISBN 978-3-8349-1017-2

Geleitwort

Nachrichten aus dem Gebiet der Corporate Governance bilden einen fast täglichen Bestandteil der Wirtschaftspresse. Dabei nehmen Klagen über astronomische Managementgehälter einerseits und Sorgen um die manipulationsfreie Finanzberichterstattung andererseits breiten Raum ein.

Diese beiden Themen stehen im Zentrum der Dissertation von Jürgen Hagmüller, der sich damit eines tagespolitisch hoch relevanten Forschungsthemas angenommen hat. Im Gegensatz zur täglichen Diskussion, die teilweise religiös anmutende Züge trägt, nähert sich Jürgen Hagmüller dem Gebiet von der Grundlagenforschung her. Im Mittelpunkt stehen spieltheoretische Untersuchungen zur Dreiecksbeziehung zwischen Managementmotivation, verzerrter Berichterstattung und der Preisbildung auf dem Kapitalmarkt.

Dem Leser bietet Jürgen Hagmüller zunächst einen institutionellen Überblick über die mit der Finanzberichterstattung verbundenen international geltenden Regelungen, insbesondere über Mechanismen, durch die eine verzerrte Finanzberichterstattung verhindert werden soll. Im weiteren Verlauf wendet sich die Dissertation dem gegenwärtigen Stand der Forschung zu, bevor Jürgen Hagmüller in den Kapiteln vier und fünf seine eigenen Forschungsfragen zum Themenkreis bearbeitet. Unter letzteren sei dem Leser die Analyse der Interaktion zwischen Leistungs- und Berichterstattungsanreizen von Managern ans Herz gelegt (Kapitel fünf). Im Zentrum dieser Analyse steht das folgende Dilemma: Um einem Manager Leistungsanreize zu geben, bedarf es einer erfolgsabhängigen Entlohnung. Andererseits hat ein Manager aber bessere Informationen über den Erfolg aus seinen Bemühungen als die Öffentlichkeit. Insofern unterliegt er, gerade bei stark ausgeprägten Leistungsanreizen, der natürlichen Versuchung seinen Leistungsausweis zu manipulieren. Jürgen Hagmüllers Frage ist, inwieweit unterschiedliche Sanktions-Regimes – direkte auf den Manager bezogene wie in den USA oder indirekte, unternehmensbezogene wie in der Schweiz – unterschiedliche Anreize in Bezug auf das Publizitätsverhalten setzen. Das Ergebnis ist richtungweisend für die künftige Corporate Governance-Diskussion, da es in einem modelltheoretischen Rahmen die Anreizwirkung verschiedenster Einflussfaktoren auf das Publizitätsverhalten aufzeigt. Dadurch werden ungewollte Nebenwirkungen, denen bisher in der Corporate Governance Debatte wenig Beachtung geschenkt wurde, transparent aufgezeigt.

Jürgen Hagmüllers Dissertationsprojekt wurde über eine längere Wegstrecke durch den Schweizerischen Nationalfonds unter dem Projekttitel „Disclosure and Earnings Management“ finanziell unterstützt. Als Projektleiter danke ich dem SNF hierfür und wünsche der Arbeit eine freundliche Aufnahme durch die Leserschaft.

Professor Dr. Ulf Schiller

Vorwort

Die vorliegende Arbeit entstand während meiner Tätigkeit als wissenschaftlicher Mitarbeiter am Institut für Unternehmensrechnung und Controlling an der Wirtschafts- und Sozialwissenschaftlichen Fakultät der Universität Bern. Mein Dank gilt Professor Dr. Ulf Schiller, der durch seine fortwährende Diskussionsbereitschaft eine stete Hilfe war. Er liess mir die notwendigen Freiräume, um diese Arbeit zügig fertig stellen zu können. Durch seine Unterstützung ermöglichte er mir ausserdem, einen 12-monatigen Forschungsaufenthalt in den USA zu realisieren. In diesem Zusammenhang danke ich Professor Stefan Reichelstein PhD und Professor Sunil Dutta PhD für die Einladungen an die Stanford Graduate School of Business respektive an die Haas School of Business, Berkeley sowie deren wissenschaftliche Unterstützung vor Ort.

Unterstützung erfuhr ich ausserdem von Freunden und Kollegen an diesem und an benachbarten Instituten, wofür ich ihnen danke. Besonders danken möchte ich Björn Walker für seine immer grosszügige Hilfe am Institut und beim Erstellen dieser Arbeit. Neben ihm danke ich Reto Balmer, Sabine Böckem, Carlos Corona, Merle Ederhof und Claudius Leibfritz für unzählige Verbesserungsvorschläge in verschiedenen Diskussionsrunden sowie Beatrice Pidoux für die administrative Unterstützung.

Mein besonderer Dank gilt Deborah Knirsch, die mich während der gesamten Erstellung dieses Dissertationsprojekts unterstützte. Sie übernahm neben Sabine Böckem und Björn Walker die Korrektur der Arbeit, und alle drei sparten nicht an Verbesserungen, die ich auch nach kritischem Hinterfragen meinerseits so gut wie nie ablehnen konnte.

Danken möchte ich ausserdem Herrn Professor Dr. Jochen Bigus für die Erstellung des Zweitgutachtens sowie dem Schweizerischen Nationalfonds und der UniBern Forschungsstiftung für die grosszügige finanzielle Unterstützung.

Nicht zuletzt danke ich meiner Familie, ohne die diese Arbeit mit Sicherheit nicht zustande gekommen wäre.

Jürgen Hagmüller

Inhaltsverzeichnis

Abbildungsverzeichnis

Abkürzungsverzeichnis

Abs.	Absatz
AKEIÜ	Arbeitskreis Externe und Interne Überwachung der Unternehmung der Schmalenbach-Gesellschaft für Betriebswirtschaft e.V.
AMEX	American Stock Exchange
APB	Accounting Principles Board
Art.	Artikel
bzw.	beziehungsweise
CEO	Chief Executive Officer
cov	Kovarianz
CFO	Chief Financial Officer
d.h.	das heisst
Discl.	Disclosure
DPR	Deutsche Prüfstelle für Rechnungslegung
ECGI	European Corporate Governance Institute
f.	folgende
ff.	fortfolgende
FASB	Financial Accounting Standards Board
FIFO	first in first out
FOC	Bedingung erster Ordnung
FRRP	Financial Reporting Review Panel
GuV	Gewinn- und Verlustrechnung
HGB	Handelsgesetzbuch
IAS	International Accounting Standards
IASB	International Accounting Standards Board
IFRS	International Financial Reporting Standards
KR	Kotierungsreglement
Mio.	Millionen
Mrd.	Milliarden
NASDAQ	National Association of Securities Dealers Automated Quotations

ND	Nondisclosure
NYSE	New York Stock Exchange
OR	Obligationenrecht
Prob	Wahrscheinlichkeit
RK	Rahmenkonzept für die Aufstellung und Darstellung von Abschlüssen
S.	Seite
SEC	Securities and Exchange Commission
SFAC	Statement of Financial Accounting Concepts
Swiss Code	Swiss Code of Best Practice for Corporate Governance
SWX	Swiss Exchange
USA	United States of America
US-GAAP	United States Generally Accepted Accounting Principles
u.a.	und andere
var	Varianz
vgl.	vergleiche
z.B.	zum Beispiel
Ziff.	Ziffer

Symbolverzeichnis

$\tilde{}$	Zufallsvariable
$\hat{}$	Vermutete Variable
$*$	Gleichgewicht
α	Regressionskoeffizient
α_d	Fixgehalt
$\breve{\alpha}_d$	Fixgehalt als Vergleichsmass
α_i	Regressionskoeffizient der Investoren mit Insiderwissen
α_o	Regressionskoeffizient der Investoren ohne Insiderwissen
α_P	Regressionskoeffizient
β	Wertrelevanz des Berichts m
β_d	Pay Performance-Sensitivität
$\breve{\beta}_d$	Pay Performance-Sensitivität als Vergleichsmass
β_i	Wertrelevanz des Berichts m aus Sicht der Investoren mit Insiderwissen
β_o	Wertrelevanz des Berichts m aus Sicht der Investoren ohne Insiderwissen
β_P	Werthaltigkeit des Berichts m
γ	Produktivität des Arbeitseinsatzes
μ_{ε_1}	Erwartungswert von ε_1
μ_u	Erwartungswert von u
μ_{u_1}	Erwartungswert von u_1
Ω_t^M	Informationsmenge des Managers in t
ψ	Grenzkosten aus Ressourceneinsatz
ρ	Risikoaversionsparameter
σ_ε^2	Varianz von ε
$\sigma_{\varepsilon_1}^2$	Varianz von ε_1
σ_u^2	Varianz von u
$\sigma_{u_1}^2$	Varianz von u_1
σ_y^2	Varianz von y
ε	Erwartungstreuer Störterm

ε_1	Erwartungstreuer Störterm
ε_l	Langfristige Wertkomponente
a	Produktiver Arbeitseinsatz
b	Verzerrung
b_i	Verzerrung bei zwei Gruppen von Investoren
c	Strenge der Rechnungslegungsstandards
c_a	Kostenfaktor des Arbeitseinsatzes
c_b	Strafzahlung bei Aufdeckung der Manipulation
e	Unproduktiver Arbeitseinsatz
f	Fixeinkommen
$f(e)$	Funktion in Abhängigkeit von e
$F(x)$	Funktion in Abhängigkeit von x
$g(\cdot)$	Dichtefunktion
$G(\cdot)$	Verteilungsfunktion
k_a	Kosten aus produktivem Arbeitseinsatz
k_b	Kosten der Verzerrung
k_e	Kosten aus unproduktivem Arbeitseinsatz
m	Informativer Bericht
m^0	Uninformativer Bericht
p	Wahrscheinlichkeit, ein informatives Signal y zu erhalten
p_b	Manipulationswahrscheinlichkeit
P	Aktienpreis
P^A	Preis im Fall A
P^B	Preis im Fall B
P^{Discl}	Preis, wenn m publiziert wird
$P_{\varnothing}^{Discl}$	Durchschnittliche Preisbildung aller Investoren, wenn m publiziert wird
P_i^{Discl}	Preisbildung der Investoren mit Insiderwissen, wenn m publiziert wird
P_o^{Discl}	Preisbildung der Investoren ohne Insiderwissen, wenn m publiziert wird
P^{ND}	Preis, wenn m^0 publiziert wird
P_i^{ND}	Preisbildung der Investoren mit Insiderwissen, wenn m^0 publiziert wird
P_o^{ND}	Preisbildung der Investoren ohne Insiderwissen, wenn m^0 publiziert wird
q_i	Anteil Investoren mit Insiderwissen
q_o	Anteil Investoren ohne Insiderwissen
r	Platzhalter für i oder o
s	Erfolgsabhängiges Einkommen

t	Zeitpunkt
T	Platzhalter für die Gleichgewichtsbedingung
u	Endwert der Unternehmung
$\underline{u}$	Untergrenze des Endwerts der Unternehmung
u_1	Externe Einflüsse auf den Unternehmenswert
u_b	Bruttowert
U	Nutzen des Managers
U^{Discl}	Nutzen des Managers, wenn er m publiziert
$U_{\varnothing}^{Discl}$	Durchschnittlicher Nutzen aller Investoren, wenn m publiziert wird
U_i^{Discl}	Nutzen, wenn m publiziert wird und zwei Gruppen von Investoren im Kapitalmarkt sind
U^E	Nutzenfunktion der Eigentümer
U^M	Nutzenfunktion des Managers
U^{ND}	Nutzen des Managers, wenn er m^0 publiziert
$U_{\varnothing}^{ND}$	Durchschnittlicher Nutzen aller Investoren, wenn m^0 publiziert wird
U_i^{ND}	Nutzen, wenn m^0 publiziert wird und zwei Gruppen von Investoren im Kapitalmarkt sind
x	Schwellenwert
x_i	Schwellenwert, den Investoren mit Insiderwissen bilden
x_{low}	Unterer Schwellenwert
x_o	Schwellenwert, den Investoren ohne Insiderwissen bilden
y	Gestörtes Signal
$\bar{y}$	Obergrenze des Signals y
$\underline{y}$	Untergrenze des Signals y
y^0	Uninformatives Signal
y_1	Gestörtes Gewinnsignal

Kapitel 1

Einleitung

1.1 Problemstellung

Ein grundlegendes Problem moderner Grossunternehmen im Beziehungsgeflecht zwischen Eigentümern, Geschäftsführung und Kapitalmarkt liegt in der durch die Trennung von Eigentum und Kontrolle verursachten asymmetrischen Informationsverteilung und der daraus resultierenden Agency-Problematik begründet. Typischerweise besitzt die Geschäftsführung einen Informationsvorsprung gegenüber Investoren am Kapitalmarkt, der durch gesetzliche und privatwirtschaftliche Publizitätspflichten zumindest reduziert werden soll. Die Kommunikation zwischen Unternehmung und Investoren ist allerdings häufig vom Interesse der Geschäftsleitung geprägt, den Firmenwert durch eine übertrieben positive Publizitätspolitik zu steigern. Zum einen verfolgen Manager durch diese verzerrte Informationspolitik egoistische Ziele wie persönliche Gehaltssteigerungen, zum anderen sollen aber auch die Erwartungen der Analysten durch das Erreichen oder Übertreffen von Benchmarks erfüllt werden.

Diese gängige Praxis des Earnings Managements rückte insbesondere durch die wohlbekannten Bilanzskandale der vergangenen Jahre in das Blickfeld der Öffentlichkeit respektive der Standardsetter. Earnings Management beschreibt das Verhalten von Managern, Gewinne zu gestalten, indem bilanzpolitische Spielräume bis an die Grenzen der Legalität ausgereizt werden, und durch die einseitige Auslegung von Wahlrechten in der Finanzberichterstattung soll der Kapitalmarkt systematisch fehlgeleitet werden. Als Folge wird oftmals die eingeschränkte Transparenz der Finanzberichterstattung vom Gesetzgeber und von Investoren angemahnt [vgl. Ballwieser und Dobler (2003), S. 449].

Als Antwort auf diese Kritik und das schwindende Vertrauen der Kapitalmärkte verabschiedete der amerikanische Kongress im Jahr 2002 den so genannten Sarbanes-Oxley Act, der Publikumsgesellschaften, Geschäftsführung, Wirtschaftsprüfern und der öffentlichen Aufsicht zahlreiche und weit reichende Offenlegungspflichten auferlegt und erhöhte Anforderungen an die Finanzberichterstattung stellt. Darüber hinaus dehnt es die zivil- und strafrechtliche Verantwortung der obersten Leitungsorgane erheblich aus. Auch in der Schweiz wurden die Rechte und Pflichten von Aktionären, Verwaltungsräten und der Geschäftsleitung klar definiert, sowie allgemeine Publizitätspflichten durch die Verabschiedung des „Swiss Code of Best Practice for Corporate Governance“ manifestiert. Im Gegensatz zum Sarbanes-Oxley Act sollen sich durch diese Empfehlungen vor allem ausländische Investoren ein besseres Bild über das bereits Erreichte und die zukünftig angestrebten Verbesserungen der herrschenden Governance-Struktur verschaffen können [vgl. Swiss Code (2002), S. 4].

Die Analyse der Interaktion zwischen der Publizitätspolitik von Unternehmen und den Anreizen der Geschäftsleitung, Earnings Management zu betreiben, bildet den Schwerpunkt der vorliegenden Arbeit. Es wird innerhalb eines analytischen Rahmens die Effektivität dieser Corporate Governance-Standards in Bezug auf das Publizitätsverhalten von Unternehmen untersucht. Explizit wird der Einfluss strengerer Rechnungslegungsstandards sowie aktienbasierter Entlohnungskomponenten auf die Publizitätspolitik von Unternehmen analysiert und gezeigt, ob und inwiefern Manager ihrer Publizitätspflicht gegenüber dem Kapitalmarkt nachkommen und welche Folgen die in dieser Analyse aufgezeigten Ineffizienzen auf die Marktkapitalisierung von Unternehmen haben. Darüber hinaus werden mögliche Lösungsmechanismen aufgezeigt. Um Antworten auf die gestellten Forschungsfragen geben zu können, ist die vorliegende Arbeit in zwei Schwerpunkte untergliedert.

Schwerpunkt 1 (Kapital 4) analysiert innerhalb eines freiwilligen Publizitätsmodells die grundsätzlichen Anreize von Managern, Informationen verzerrt zu publizieren. Da die Stossrichtung der genannten Governance-Richtlinien primär in Richtung vermehrter und detaillierterer Publizitätspflichten und gleichzeitig massiver Sanktionsandrohungen bei Fehlverhalten geht [vgl. Ballwieser und Dobler (2003), S. 455ff.], zeigt die Arbeit auf, inwiefern diese veränderte Gesetzgebung die Anreize der obersten Leitungsorgane beeinflusst, in ihrem persönlichen Interesse Bilanzpolitik zu betreiben, um den Kapitalmarkt bei der Bewertung der Unternehmung fehlzuleiten. Aufbauend auf diesen Analysen wird der Zusammenhang zwischen Bilanz- und Publizitätspolitik aufgezeigt.[1] Es wird analysiert, inwiefern die Sanktionsmechanismen greifen und welche Korrekturen empfehlenswert sind, um Fehlanreize zu vermeiden.

Zusätzlich wird die Rolle des Kapitalmarktes innerhalb der Corporate Governance-Debatte näher beleuchtet. Wird im ersten Teil der Arbeit davon ausgegangen, dass alle am Kapitalmarkt vertretenen Investoren über die gleiche Informationsausstattung verfügen, so wird daran anschliessend dazu übergegangen, einen Markt zu analysieren, in dem ein Teil der Händler Insiderinformationen besitzt. Es wird der Frage nachgegangen, ob und unter welchen Voraussetzungen der Marktpreis auf unterschiedliche freiwillig zu publizierende Informationen über- bzw. unterreagiert und inwiefern sich dies durch eine mögliche imperfekte Informationsverarbeitung der Investoren erklären lässt. Ziel ist es, einen analytischen Rahmen für einen Markt zu definieren, in dem Investoren öffentlich verfügbare Informationen heterogen interpretieren. Dazu werden unterschiedliche Beliefsysteme und deren Interaktion auf Seiten der Investoren untersucht, um so auftretende Preiseffekte separieren

[1] Die Begriffe Earnings Management und Bilanzpolitik werden nachfolgend synonym verwendet [vgl. Wagenhofer und Ewert (2003), S. 197].

zu können. Durch diese Analyse ist es möglich, die Robustheit der erhaltenen Ergebnisse zu testen.

Schwerpunkt 2 (Kapitel 5) der Arbeit untersucht innerhalb eines gesetzlich vorgeschriebenen Publizitätsrahmens die optimale Ausgestaltung eines gleichgewichtigen aktienbezogenen Entlohnungsvertrags unter Berücksichtigung des Earnings Management-Verhaltens von Managern. Es wird ein optimaler Vertrag analysiert, der die Intention von Managern, Bilanzpolitik zu betreiben, berücksichtigt und ausserdem die erwartete Reaktion der Investoren in Form eines aktiven Preisbildungsmechanismus einbezieht. Darüber hinaus wird die zentrale Frage diskutiert, inwiefern Eigentümer von Unternehmen durch das Earnings Management-Verhalten der von ihnen eingesetzten Manager geschädigt werden. Der Blick richtet sich auf die in Praxis und Wissenschaft befürwortete Form der aktienabhängigen Entlohnung und zeigt, inwiefern sie die Anreize der Geschäftsleitung, Earnings Management zu betreiben, reduziert oder im Gegenteil sogar verstärkt und deshalb mitverantwortlich für die Interessendivergenzen zwischen Geschäftsleitung und Eigentümern ist. In diesem Zusammenhang wird die gegenläufige Wirkung von persönlich von Managern zu tragenden Sanktionen, wie sie im Sarbanes-Oxley Act vorgesehen sind, und unternehmensbezogenen Strafen auf den optimalen Entlohnungsvertrag aufgezeigt.

1.2 Aufbau der Arbeit

Die Arbeit ist in sechs Teile untergliedert: Kapitel 2 gibt einen Überblick über die mit der Finanzberichterstattung verbundenen Vorschriften und Regelungen aus der Praxis und begründet, weshalb bestimmte Annahmen in den theoretischen Analysen getroffen werden. Anschliessend wird in Kapitel 3 der aktuelle Stand der für diese Dissertation relevanten Forschungsliteratur erläutert. In Kapitel 4 werden innerhalb eines freiwilligen Publizitätsrahmens die Anreize von Managern zur Informationsverzerrung analytisch untersucht. Ausserdem werden die Auswirkungen dieser Publizitätspolitik auf den Informationsgehalt der veröffentlichten Informationen aufgezeigt und diskutiert, wie der Gesetzgeber durch strengere Rechnungslegungsstandards dieses Verhalten zumindest eindämmen kann. In Kapitel 5 werden die beschriebenen Publizitätsanreize innerhalb eines gesetzlich verpflichtenden Publizitätsettings hinterfragt. Zusätzlich werden die Anreizverschiebungen eines aktienbasierten Entlohnungsvertrages untersucht und aufgezeigt, wie sie geeignet sind, Fehlanreize der Manager einzuschränken. Kapitel 6 schliesst die Arbeit mit einer Zusammenfassung der untersuchten Aspekte.

Kapitel 2

Konzeptionelles Umfeld

2.1 Trennung von Eigentum und Kontrolle

Moderne Publikumsgesellschaften[1] sind geprägt durch die Trennung von Eigentum und wirtschaftlicher Kontrolle. Eigentümer der Gesellschaft sind die Aktionäre, während die angestellte Geschäftsleitung[2] die Unternehmung führt und die Kontrolle über deren Ressourcen innehat. Der Gesetzgeber beabsichtigt mit dieser Trennung, die erstmals von Berle und Means (1932) thematisiert wurde, eine Rechtsform zu bilden, die nicht nur vermögenden Investoren, sondern auch Kleinanlegern die Möglichkeit eröffnet, Anteilseigner von Unternehmen zu werden [vgl. Meier-Hayoz und Forstmoser (2004), S. 362]. Unbestritten sind die Vorteile dieser spezialisierten Bereitstellung der für die Unternehmung erforderlichen Ressourcen. Fama und Jensen (1983) argumentieren, dass Manager das nötige Fachwissen und die Kompetenz zur Führung einer Unternehmung einbringen, während Investoren, die sich aus Aktionären und Gläubigern zusammensetzen, das finanzielle Risiko tragen.

[1] Das schweizerische Obligationenrecht definiert Publikumsgesellschaften als „Aktiengesellschaften, deren Beteiligungspapiere zumindest teilweise an der Börse kotiert sind" [vgl. Art. 663c I OR].

[2] In dieser Arbeit werden die Begriffe Geschäftsleitung und Management synonym verwendet. In Anlehnung an Art. 716a Ziff. 4, Art. 716b und Art. 718 OR wird die Geschäftsleitung als das mit der Geschäftsleitung betraute Organ bezeichnet und repräsentiert die oberste Hierarchieebene des Managements.

Da dieses Risiko auf eine Vielzahl von Marktteilnehmern verteilt wird, die ihr individuelles Anlagerisiko durch Diversifikation am Kapitalmarkt reduzieren können, kann von einer sehr effizienten Risikodiversifikation gesprochen werden.

Ausgehend von dieser Trennung und der damit verbundenen fehlenden finanziellen Beteiligung der Geschäftsleitung an der Unternehmung, muss allerdings auch eine grundlegende Agency-Problematik beachtet werden. Manager (Agenten) werden von den Eigentümern der Unternehmung (Prinzipal) beauftragt, das von ihnen bereitgestellte Kapital möglichst unternehmenswertmaximierend zu investieren. Allerdings ist in der Regel nicht davon auszugehen, dass die Interessen der Manager identisch mit denen der Kapitalgeber sind. Nicht selten sind für die Geschäftsleitung andere Ziele wie beispielsweise Einkommen, Prestige oder Macht innerhalb der Entscheidungsfindung massgeblich [vgl. Pfaff (1989), S. 111]. Daher besitzen Manager Anreize, ihren eigenen Nutzen zu maximieren, wodurch letztendlich als Folge dieses opportunistischen Verhaltens der Unternehmenswert und somit das Vermögen der Eigentümer reduziert wird. Diese Agency-Problematik möglichst vollständig zu überwinden, ist das erklärte Ziel einer wirksamen Corporate Governance und soll damit den Rahmen für eine gute und verantwortungsvolle Unternehmensführung vorgeben. Um dieses Ziel zu erreichen, definiert die Corporate Governance-Grundsätze und Regelungen der unternehmerischen Organisation, um Effizienz, Transparenz und eindeutige Zuständigkeiten zu gewährleisten und diese im Interesse der Aktionäre, in ihrer Funktion als Eigentümer der Unternehmung, zu fördern. Diese Grundsätze und Regelungen beziehen sich sowohl auf das Innenverhältnis der Unternehmung, d.h. das Verhältnis zwischen Geschäftsleitung, Verwaltungsrat und Revisor, als auch auf das Aussenverhältnis, also jenes zwischen der Unternehmung, den Aktionären sowie weiteren Anspruchsgruppen [vgl. Böckli (2000), S. 133].

2.2 Aufgaben der Finanzberichterstattung

Primäres Ziel der Finanzberichterstattung ist die Informationsbereitstellung für aussenstehende Investoren und Fremdkapitalgeber durch die Geschäftsführung.[3] Sie generiert u.a. Informationen für den Kapitalmarkt, an sie knüpfen bestimmte Rechtsfolgen und sie informiert eine nicht genauer umrissene allgemeine Öffentlichkeit [vgl. Hax (1988), S. 190f.]. Im Mittelpunkt sowohl der International Financial Reporting Standards (IFRS) als auch der United States Generally Accepted Accounting Principles (US-GAAP) steht dabei die Generalnorm der Fair Presentation, derzufolge die Abschlüsse die Vermögens-, Finanz- und Ertragslage sowie die Cashflows einer Unternehmung den tatsächlichen Verhältnissen entsprechend darzustellen sind [vgl. International Accounting Standards (IAS) 1.13 Satz 1].[4][5] Dennoch ist der Stellenwert dieser Generalnorm nach IAS und US-GAAP unterschiedlich. Während sie nach US-GAAP ein sogenanntes „Overriding Principle" darstellt,[6] verfolgen die IFRS eine solche Konzeption grundsätzlich nicht. Die Generalnorm ist nur in seltenen Ausnahmefällen heranzuziehen. Ansonsten wird davon ausgegangen, dass die nachgelagerten Grundsätze und die Einzelvorschriften insgesamt bei entsprechender Anwendung zu einer Darstellung im Jahresabschluss führen, der dem Postulat einer Fair Presentation genügt. Der Finanzbericht-

[3] Gemäss Abs. 12 des „Rahmenkonzepts für die Aufstellung und Darstellung von Abschlüssen" (Framework for the Preparation and Presentation of Financial Statements), nachfolgend mit RK 12 bezeichnet, rückt die Informationsbereitstellung in den Mittelpunkt der Finanzberichterstattung und ist wie folgt definiert:

> *„The objective of financial statements is to provide information about the financial position, performance and changes in financial position of an enterprise that is useful to a wide range of users in making economic decisions."*

[4] Von den ursprünglich 41 verabschiedeten IAS sind noch 31 Standards in Kraft. Im Juni 2003 veröffentlichte das International Accounting Standards Board (IASB) mit dem IFRS 1 den ersten International Financial Reporting Standard.

[5] Die US-GAAP besitzen mit dem „Conceptual Framework" einen theoretisch fundierten Bezugsrahmen, der mit dem Rahmenkonzept der IFRS weitgehend identisch ist [vgl. Pellens u. a. (2006), S. 124].

[6] Das „Overriding Principle" besagt, dass eine Abweichung von Einzelvorschriften möglich respektive sogar zwingend vorgeschrieben ist, um die Aussagefähigkeit des Jahresabschlusses zu erhöhen.

erstattung in seiner Eigenschaft als Bindeglied zwischen Unternehmen und dem Investoren kommt daher eine Schlüsselfunktion für das Funktionieren informationseffizienter Kapitalmärkte zu. Ein weiteres, wenn auch nachrangig zu betrachtendes Ziel der Finanzberichterstattung liegt darin, die geleistete Arbeit der Geschäftsleitung in der Berichtsperiode, aufbauend auf den publizierten Zahlen, zu beurteilen [vgl. Pellens u. a. (2006) S. 106].[7]

Eine objektive Informationsbereitstellung und eine effiziente Monitoringfunktion können daher nur durch eine Publizitätspolitik erreicht werden, die dem Grundsatz der Fair Presentation folgt. Allerdings können diese beiden Zielsetzungen mit den persönlichen Zielsetzungen der Manager kollidieren. Sie können Anreize besitzen, die Finanzberichterstattung zu manipulieren, um auf opportunistische Weise bilanzpolitische Spielräume auszuschöpfen und dadurch vom Prinzip der Fair Presentation abzuweichen.

2.2.1 Earnings Management-Verhalten von Managern

In einer Vielzahl der bekannten Bilanzskandale aus der jüngeren Vergangenheit spielte das Earnings Management-Verhalten der Manager eine wichtige Rolle [vgl. Ballwieser und Dobler (2003), S. 449f.]. Earnings Management beschreibt dabei die gängige Praxis, bei der Manager ihren Bemessungsspielraum in der Anwendung von Bilanzierungswahlrechten entsprechend der eigenen Anreizstruktur einseitig wahrnehmen. Es umfasst alle Arten von Transaktionen und Bemessungsansätzen, die getätigt werden, um Zielvorgaben, wie beispielsweise ein stetiges Umsatz- und Gewinnwachstum oder Analystenprognosen, mindestens zu erreichen [vgl. Healy und Wahlen (1999), S. 368f.]. Dass Earnings Management in der Praxis häufig Anwendung findet, wurde in empirischen Studien bereits nachgewiesen [vgl. Healy und Wahlen

[7] RK 14 definiert die Beurteilungsfunktion wie folgt:

> *„Financial statements also show the results of the stewardship of management, or the accountability of management for the resources entrusted to it."*

(1999), S. 367, Kothari (2001) oder Holthausen u. a. (1995)].[8] Bereits vor bekannt werden der Bilanzskandale mahnte der damalige Vorsitzende der Börsenaufsicht SEC, Arthur Levitt, bereits die weite Verbreitung von Earnings Management an und kritisierte deren Anwendungen in Bezug auf Umstrukturierungskosten, der Bilanzierung von Akquisitionen sowie Umsatzrealisierungen [vgl. Levitt (1998)].

Das Financial Accounting Standards Board (FASB) unterscheidet dabei zwei Arten von Earnings Management: Accounting Earnings Management und Real Earnings Management [vgl. FASB, Statement of Financial Accounting Concepts No. 2, Paragraph 78]. Mit Accounting Earnings Management oder buchmässiger Bilanzpolitik ist das einseitige Ausschöpfen bilanzpolitischer Spielräume, die durch das Einräumen von Wahlrechten oder Ermessensspielräumen entstehen, gemeint. Das frühere IAS enthielt zahlreiche Wahlrechte, die aufgrund heftiger Kritik erheblich eingeschränkt wurden. Trotzdem finden sich in den IFRS noch immer offene Wahlrechte insbesondere beim Wertansatz verschiedener Posten [vgl. Wagenhofer (2005), S. 552]. Als Beispiel kann die Bewertung von Beteiligungen im Einzelabschluss genannt werden [vgl. IAS 27, IAS 28, IAS 31] oder die Verbrauchsfolge bei der Vorratsbewertung, bei der zwischen dem First-in-First-out-Verfahren (FIFO) und dem Durchschnittpreisverfahren gewählt werden darf [vgl. IAS 2.25-27].[9] Im Gegensatz zu Wahlrechten ist die Einräumung bestimmter Ermessensspielräume notwendig, um eine individuell aussagekräftige Bilanz zu generieren. Dies erfordert allerdings wiederum eine objektive Beurteilung der Spielräume durch die Geschäftsleitung, da sie von Managern missbraucht werden können, um beispielsweise eine intertemporale Ergebnisglättung durch Bildung von Rückstellungen zu erreichen, und dadurch Aufwendungen entsprechend der

---

8 In einer Studie von Graham u. a. (2005) wurden mehr als 400 Führungskräfte befragt, ob sie durch suboptimale Investitionstätigkeit langfristig Abstriche für den Wert der Unternehmung hinnehmen würden, um dafür im Gegenzug eine Gewinnglättung zu erzielen und kurzfristig die Erwartungen der Analysten erfüllen zu können, was von 78% der Befragten bejaht wurde. Darüber hinaus würden 55% den Start eines Projekts sogar dann verschieben, wenn es eine geringe Wertminderung mit sich bringen würde, nur um ein vorgegebenes Gewinnziel nicht zu verfehlen.

9 Eine Übersicht über Wahlrechte nach den IFRS findet sich in Wagenhofer (2005), S. 555f.

eigenen Anreizstruktur umperiodisieren zu können.[10] In erfolgreichen Jahren wird beispielsweise durch überhöhte Bildung von Rückstellungen der Gewinn reduziert, wodurch stille Reserven entstehen, die in schwierigen Jahren zur Ergebnissteigerung aufgelöst werden können. In der theoretischen Analyse ab Kapitel 4 wird auf die erst genannte Ausprägung, das Accounting Earnings Management, fokussiert.

Neben Accounting Earnings Management wird ausserdem Real Earnings Management oder reale Bilanzpolitik betrieben, womit Bilanzpolitik durch Sachverhaltsgestaltung gemeint ist und durch das eine Umperiodisierung der Gewinne entsprechend der jeweiligen Anreizstruktur von Managern vorgenommen wird. Der Zeitpunkt der Durchführung von Geschäftsvorfällen wird suboptimal gewählt, wodurch die Manager vom für den Unternehmenswert optimalen Handlungspfad abweichen und dadurch Firmenwert vernichtet wird. Charakteristisch für reale Bilanzpolitik ist, dass es im Gegensatz zu Accounting Earnings Management für kein Rechnungslegungssystem möglich ist, reale Bilanzpolitik von normalen wirtschaftlichen Vorgängen zu unterscheiden. Beispiele hierfür sind Ausgabenkürzungen für Forschung & Entwicklung, Werbung oder Wartung mit dem Ziel, ein bestimmtes Gewinnziel kurzfristig in der laufenden Periode zu erreichen, allerdings auf Kosten des erwarteten langfristigen Gewinns.

2.2.2 Durchsetzung von Rechnungslegungsstandards

Die Frage, ob Earnings Management in der Praxis auftritt und von Managern angewendet wird, wurde in Abschnitt 2.2.1 hinlänglich belegt und ist auch in der Literatur unbestritten.[11] Welche Mechanismen allerdings eingesetzt werden können, um das Earnings Management-Verhalten einzudämmen, ist Gegenstand der in jüngerer Vergangenheit geführten Enforcement-

[10] RK 49(b) definiert Rückstellungen als „Verpflichtungen, die bezüglich ihrer Fälligkeit oder ihrer Höhe ungewiss sind".

[11] Einen Überblick über einige Studien in denen Earnings Management-Verhalten empirisch belegt wird, findet sich beispielsweise in Healy und Wahlen (1999).

Debatte. Nach amerikanischem System fungiert die SEC als staatlich beauftragte Enforcement-Instanz, die in Ergänzung zur Prüfung der Abschlüsse durch die Wirtschaftsprüfer möglichen Verstössen und Unregelmässigkeiten in festgestellten und publizierten Jahresabschlüssen nachgeht, eine Korrektur der Rechnungslegung initiiert sowie Sanktionen verhängt, falls Normabweichungen auf wesentliche Fehler oder Verstösse zurückzuführen sind. Eine der SEC gleichwertige Institution fehlt bisher in Europa. Daher ist das europäische Enforcement-System bis zur Schaffung einer einheitlichen Enforcement-Instanz als dezentrales Enforcement mit Koordination auf europäischer Ebene ausgestaltet [vgl. Böcking (2003), S. 694]. National werden häufig wie in Grossbritannien mit dem Financial Reporting Review Panel (FRRP) oder in Deutschland mit der Deutschen Prüfstelle für Rechnungslegung (DPR) privatrechtliche Institutionen mit der Normdurchsetzung betraut, die allerdings im Gegensatz zu einer staatlichen Stelle keine direkten Sanktionen verhängen können. In der Schweiz verfügt die SWX entsprechend SWX (2000) über eine Expertengruppe zur Überwachung der Berichterstattung. Diese Gruppe erlässt ebenfalls keine direkten Strafen, sondern berät die SWX lediglich mit Empfehlungen betreffend Sanktionen im Sinne von Art. 81ff. KR. Daher werden in Europa zur Sicherstellung eines ausgewogenen Governance-Systems hauptsächlich Best Practice-Empfehlungen, deren Umsetzung freiwillig ist, verwendet. Neben den direkten Sanktionsmechanismen sollen daher die flankierenden Massnahmen, die zur Verbesserung der Corporate Governance ergriffen werden können, nachfolgend näher erläutert werden.

2.2.2.1 Sanktionsmechanismen

Sanktionsmechanismen bauen auf der häufig artikulierten These auf, dass eine qualitativ hochwertige Finanzberichterstattung automatisch durch strenge Rechnungslegungsstandards erreicht werden kann, da es in diesem Fall für Manager immer schwieriger wird, Ermessensspielräume ausfindig zu machen und zusätzlich erhöhte Strafandrohungen die Anreize zur Manipulation reduzieren [vgl. Ball (2001)]. In Haftung genommen werden Manager aber nicht nur für unrichtige, irreführende oder unvollständige Informationen, die obligatorisch zu publizieren sind, sondern nach den strengen Haftungsbestimmungen des US-amerikanischen Kapitalmarktrechts auch für freiwillig publizierte Informationen [vgl. Pellens u. a. (2006), S. 888]. Dieser Wirkungszusammenhang zwischen Strafzahlungen und strengeren Rechnungslegungstandards ist zentraler Bestandteil der theoretischen Analyse in dieser Arbeit.

Dadurch wird die Frage aufgeworfen, wie ein Sanktionsmechanismus ausgestaltet sein muss, der Manager bereits bei der Aufstellung des Abschlusses zu einer ordnungsgemässen Rechnungslegung anhält und ex-post bei unzureichender Bilanzierung sanktioniert. Der Kalkül von Managern macht Earnings Management lohnend, wenn der daraus resultierende Disnutzen kleiner ist als der zu erwartende Nutzenzuwachs, der aus der Manipulation entsteht. Der Disnutzen für Manager umfasst dabei nicht ausschliesslich monetäre Sanktionen, wie beispielsweise mögliche Geldbussen, sondern kann ebenfalls persönlichen Reputationsverlust bei Entdeckung der Manipulation oder den zusätzlich zu betreibenden Zeitaufwand darstellen.

Persönliche Bestrafungen der Manager und Regelverschärfungen werden insbesondere in den USA durch den Sarbanes-Oxley Act propagiert [vgl. Alles u. a. (2004)]. So legt der Sarbanes-Oxley Act drastisch gekürzte Fristen zur Publikation von Quartals- und Geschäftsberichten fest [vgl. Section 403]. Ausserdem müssen der CEO und der CFO jede Jahresrechnung eidesstattlich per Unterschrift beglaubigen [vgl. Section 302]. Eine von Managern wider besseren Wissens abgegebene Beglaubigung finanzieller Informationen, die die Anforderungen nicht erfüllt, kann mit bis zu 5 Mio. US-Dollar und mit bis zu 20 Jahren Haft gebüsst werden [vgl. Section 906].[12] In den modelltheoretischen Abschnitten 4 und 5 wird dieser persönliche Sanktionsmechanismus abgebildet und es wird analysiert, welchen Effekt er auf die Publizitätspolitik von Managern hat, um anschliessend Rückschlüsse auf die Effektivität von

[12] Wegen diesen detaillierten Regelungen und den damit für die Unternehmen verbundenen Kosten ist der Sarbanes-Oxley Act stark in die Kritik geraten. Mittlerweile wird im Zusammenhang mit dem Sarbanes-Oxley häufig von „Überregulierungswahn" [vgl. Pellens u. a. (2006), S. 913] und einem Musterbeispiel für ein „Gesetz der ungewollten Konsequenzen" [vgl. Alles u. a. (2004), S. 1] gesprochen.

Rechnungslegungsstandards ziehen zu können.

Die deutsche DPR, die britische FRRP sowie die schweizerische SWX setzen dagegen gezwungenermassen auf eine andere Art der Sanktionierung, nämlich die Sanktionierung durch den Kapitalmarkt. Gezwungenermassen, da sie im Gegensatz zur SEC als privatrechtliche Institutionen nicht befugt sind, direkte Strafen zu verhängen. Ihnen steht als Sanktionierungsmittel ausschliesslich die Veröffentlichung einer Press Notice zur Verfügung, durch die der Kapitalmarkt über ein beobachtetes Fehlverhalten informiert wird. Zwar ist nur eine schwach negative Kapitalmarktreaktion als Folge der Veröffentlichung einer Press Notice zu beobachten [vgl. Böckem (2000), S. 82]. Das Beispiel der Schweizer Zeitarbeitsfirma Adecco zeigt allerdings, dass Marktmechanismen auch grosses Strafpotential aufweisen können. Adecco konnte im Januar 2004 aufgrund materieller Schwachstellen in der Bilanz das Jahresergebnis nicht fristgerecht vorlegen. Der Kurs sank daraufhin um rund ein Drittel und reduzierte den Börsenwert der Unternehmung um rund vier Milliarden Euro. Zusätzlich stuften die Ratingagenturen Moody's und Standard & Poor's Adecco aus dem Investment- in den spekulativen Bereich zurück.[13] Problematisch ist diese Art der Sanktionierung allerdings dahingehend, da sie die ebenfalls von der Fehlinformation betroffenen Aktionäre bestraft [vgl. Korn (2002), S. 1502]. Dass die Sanktionierung mittels US-amerikanischem Vorbild effizienter als eine Sanktionierung durch den Kapitalmarkt sei, wird häufig versucht anhand empirischer Studien zu belegen [vgl. Wüstemann (2002)]. Allerdings sind diese empirischen Studien nur bedingt aussagekräftig, da ein durch die Normdurchsetzungsinstanz entdecktes Fehlverhalten entweder dahingehend interpretiert werden kann, dass die Normdurchsetzung funktioniert, oder aber, dass die Prävention versagt hat. Umgekehrt lässt sich, wenn kein Fehlverhalten entdeckt wird, dies entweder durch erfolgreiche Prävention erklären, oder einfach dadurch, dass das Fehlverhalten nicht entdeckt wurde [vgl. Korn (2002), S. 1502]. Die Frage, wie effizient Sanktionsmechanismen sind und welches der beiden Systeme vorzuziehen ist, wird innerhalb dieser

[13] Beide Rating-Agenturen, Standard & Poor's und Moody's, nahmen Adecco noch in 2004 wieder in ihr Investment-Rating auf.

Arbeit durch eine theoretische Modellierung geklärt werden. Diese Modellierung, die einerseits eine Sanktionierung durch den Kapitalmarkt berücksichtigt, andererseits aber auch persönliche Strafen bei Fehlverhalten für Manager vorsieht, bildet den Schwerpunkt dieser Arbeit und wird in den Kapiteln 4 und 5 analysiert.

2.2.2.2 Best Practice-Empfehlungen

Die Durchsetzung einer ausgewogenen Governance-Struktur wurde international in den letzten Jahren durch die Verabschiedung jeweils national geltender Best Practice-Empfehlungen gefördert. Deren Fokus soll aber nicht allein auf die Finanzberichterstattung gerichtet sein, sondern ebenfalls eine effiziente Führungs- und Organisationsstruktur der Unternehmung sicherstellen. Die Vorreiterrolle hatte dabei Grossbritannien inne, das durch die Veröffentlichung des Cadbury Reports im Jahre 1992 und des dazugehörigen Code of Best Practice die internationale Diskussion in eine neue Phase versetzte [vgl. Böckli (2000), S. 135]. In der Schweiz wird die Wichtigkeit einer ausgewogenen Governance-Struktur durch den Swiss Code of Best Practice for Corporate Governance (Swiss Code) unterstrichen, der 2002 unter Federführung der Economiesuisse ausgearbeitet wurde und in direkter Weise auf den Empfehlungen des Cadbury Reports aufbaut [vgl. Swiss Code (2002), Vorwort]. In den USA wurde ebenfalls im Jahre 2002 in Reaktion auf die desaströsen finanziellen Einbrüche jener Zeit der Sarbanes-Oxley Act verabschiedet, um das verloren gegangene Vertrauen der Kapitalmärkte in die publizierten Finanzdaten der Unternehmen wieder zu stärken.[14] Im Gegensatz zum gesetzlich verankerten Sarbanes-Oxley Act[15] sind der Swiss Code sowie der

[14] Mittlerweile haben eine Vielzahl weiterer Nationen jeweils eigene national geltende Best Practice-Empfehlungen erarbeitet. Das European Corporate Governance Institute listet für 54 Nationen Handlungsempfehlungen auf [vgl. European Corporate Governance Institute (2006)].

[15] Der Anwendungsbereich des Sarbanes-Oxley Act erstreckt sich auf alle Unternehmen, die den Vorschriften des Securities Exchange Act von 1934 unterliegen. Dies sind alle Unternehmen, deren Wertpapiere an den amerikanischen Börsen NYSE, NASDAQ sowie AMEX gehandelt werden und die damit der US-amerikanischen Börsenaufsicht durch die SEC unterliegen.

Cadbury Report nicht gesetzlich verankert, sondern stellen lediglich Empfehlungen nach dem Grundsatz „Comply or Explain“ dar. Danach müssen die Unternehmen offen legen, welche Empfehlungen sie befolgen (Comply). Ausserdem müssen sie explizit die Angaben nennen, die von den Empfehlungen abweichen und darüber hinaus eine Erklärung für diese abweichenden Angaben geben (Explain). Die Empfehlungen sind als rechtlich unverbindliche Verhaltensmassstäbe zu verstehen, deren direkte Durchsetzung auf der Kraft des Kapitalmarktes aufbaut. Aufgrund dieser Entwicklung besitzen die Transparenzrichtlinien, obwohl sie nur Empfehlungscharakter aufweisen, eine sehr starke Durchsetzungskraft, und es kann wohl zurecht behauptet werden, dass sich der Grundsatz „Comply or Explain“ als Standard etabliert hat.

2.2.3 Gesetzliche und freiwillige Publizität

Bei der Publizität von Unternehmensdaten können zwei Arten von Informationen unterschieden werden. Zum einen obligatorisch zu publizierende Informationen und zum anderen Informationen, die freiwillig publiziert werden. Die modelltheoretischen Analysen in den Kapiteln 4 bzw. 5 untersuchen jeweils die freiwilligen bzw. gesetzlichen Publizitätsanreize von Unternehmen.

Bis vor wenigen Jahren standen Unternehmen im deutschsprachigen Raum erhöhten Transparenzanforderungen eher skeptisch gegenüber. Die Internationalisierung der Kapitalmärkte führte aber zumindest bei börsenkotierten Unternehmen zu einem Umdenken. Unter dem Druck der internationalen Kapitalmärkte publizieren mittlerweile viele Unternehmen gesetzlich vorgeschriebene Informationen häufiger, als es der Gesetzgeber vorschreibt [vgl. Wagenhofer und Ewert (2003), S. 282]. Der Ausweis freiwilliger Informationen kann zur Ursache haben, dass Manager trotz Finanzberichterstattung als Unternehmensinsider einen qualitativen und quantitativen Informationsvorsprung gegenüber allen anderen Kapitalmarktteilnehmern besitzen und aus dieser Informationsasymmetrie Kosten für die Unternehmung entstehen. Daher können Manager versuchen, durch den Ausweis zusätzlicher Informationen die Informationsasymmetrie zu reduzieren. Die Kosten umfassen beispielsweise einen Aufschlag in Form einer Risikoprämie, der zu erhöhten Kapitalkosten bei der Aufnahme von Fremdkapital führt. Die Reduzierung der Informationsasymmetrie liegt deshalb im Interesse der Unternehmen, die sich durch die Veröffentlichung zusätzlicher Informationen unter anderem Vorteile in Form eines vereinfachten Zugangs zu Fremdkapital, geringeren Kapitalkosten und einer höheren Marktliquidität erwarten [vgl. Levine und Smith (2003)].

Ein wesentliches Argument gegen den freiwilligen Ausweis von Informationen sind Schäden, die Unternehmen aus externen Effekten entstehen können. Konkurrenten können aus den veröffentlichten Informationen Vorteile ziehen und diese gegen die publizierenden Unternehmen verwenden [vgl. Ettredge u. a. (2002)]. Ein Beispiel für freiwillig publizierte Informationen, aus denen Wettbewerber Vorteile ziehen können, ist die Segmentberichterstattung, in der Finanzinformationen gegliedert nach einzelnen Teilbereichen, in denen die Unternehmung tätig ist, aufgelistet sind. Die Segmentberichterstattung ist aber nicht gesetzlich vorgeschrieben und war vor dem Hintergrund der obigen Argumentation auch bis vor wenigen Jahren undenkbar. So sieht das HGB bis heute keine generelle Verpflichtung einer Segmentberichterstattung vor [vgl. Wagenhofer (2005), S. 483].[16] Die IFRS hingegen schreiben die Segmentberichterstattung zumindest für öffentlich gehandelte Unternehmen vor [vgl. IAS 14].

Die Glaubwürdigkeit freiwillig publizierter Informationen ist ebenfalls seit langem Gegenstand von Diskussionen. Traditionell beschränkte deshalb die SEC die Offenlegungspolitik öffentlich gehandelter Unternehmen auf Informationen, die grundsätzlich vergangenheitsbezogen sind und von unabhängiger Seite verifiziert werden können [vgl. Stocken (2000)]. Im Jahr 1973 hob die SEC das Verbot, zukunftsorientierte Informationen zu veröffentlichen, auf und Manager wurden durch zahlreiche Verordnungen ermutigt, auch zu-

[16] Das HGB sieht nur eine rudimentäre Segmentberichterstattung vor, bei der nur die Umsatzerlöse nach Tätigkeitsbereichen sowie nach geographischen Gesichtspunkten aufgegliedert werden müssen [vgl. §314 Abs. 1 HGB und Wagenhofer (2005), S. 483].

kunftsorientierte Informationen zu publizieren. Der Private Securities Reform Act von 1995 stärkte zusätzlich einen Safe-Harbor Erlass aus dem Jahre 1979, indem er die Haftung der Geschäftsleitung für zukunftsorientierte Prognosen auf jene Fälle reduzierte, die nicht im guten Glauben durchgeführt wurden. Gegner dieses Gesetzes prophezeiten dagegen „eine Entwicklung des US-Wertpapiermarkts hin zu einem Magnet für Betrug..." [Grundfest und Perino (1997), S. 1]. Aus dieser Gesetzgebung kommt die Befürchtung zum Ausdruck, dass Manager speziell beim Ausweis freiwilliger Informationen Verzerrungsmöglichkeiten besitzen, die sie entsprechend der eigenen Anreizstruktur nutzen können und die, analog zu dem in Abschnitt 2.2.1 erläuterten Earnings Management-Verhalten[17], interpretiert werden können.[18]

Die Analyse der Anreize von Managern, in einem freiwilligen Publizitätsrahmen Informationen zu verzerren, ist zentraler Bestandteil der modelltheoretischen Analyse in Abschnitt 4. In einem ersten Schritt werden die Möglichkeiten eines Enforcement-Regimes untersucht, das die Anreize zur Informationsverzerrung einschränkt. In einem zweiten Schritt wird analysiert, wie sich dies auf die Bereitschaft der Geschäftsleitung auswirkt, überhaupt Informationen gegenüber dem Kapitalmarkt zu publizieren, da nur die Informationen weitergegeben werden, von denen eine vorteilhafte Marktreaktion erwartet wird.[19]

Bisher wurde immer davon ausgegangen, dass Manager zusätzliche Informationen besitzen und entscheiden kann, ob sie diese veröffentlichen. Die Möglichkeit, dass Manager bestimmte Informationen aber überhaupt nicht kennen und eventuell deshalb nicht veröffentlichen, hat ebenfalls Einfluss auf die

[17] Der Begriff Earnings Management wird in dieser Arbeit nur im Zusammenhang mit gesetzlich zu publizierenden Informationen verwendet [Kapitel 5]. Innerhalb eines freiwilligen Publizitätsumfeldes wird das Verzerrungsverhalten des Managers als „Berichts- oder Informationsverzerrung" bezeichnet [Kapitel 4].

[18] Ein gewisser Interpretationsspielraum wird auch durch nicht eindeutige Publizitätsvorschriften geschaffen. Als Beispiel kann die Ausweispflicht, wenn eine bestimmte Information „wesentlich" ist, angeführt werden. Die Beurteilung darüber ist weitestgehend von der Geschäftsleitung vorzunehmen [vgl. Wagenhofer und Ewert (2003), S. 283].

[19] Eine detaillierte Beschreibung der zu erwartenden Marktreaktion findet sich in Abschnitt 4.2.

Marktreaktion und damit auf die Marktkapitalisierung der Unternehmung. Wird diese unterschiedliche Marktreaktion von den Managern antizipiert, dann können auch Situationen entstehen, in denen sie keine Anreize besitzen, zusätzliche Informationen, die über dem gesetzlich geforderten Minimum liegen, zu erlangen. Manager würden es dann bevorzugen, künstlich dumm zu bleiben. Diesen Zusammenhang in einem modelltheoretischen Rahmen zu erfassen und die verantwortlichen Verhaltenstreiber auf Seiten der Manager und des Kapitalmarktes zu identifizieren, ist eine weitere Aufgabe der modelltheoretischen Analyse in Kapitel 4.

2.3 Erfolgsabhängige Entlohnungssysteme und Agency-Konflikte

2.3.1 Aufgabe des Verwaltungsrats bei der Festlegung der Entlohnung

Eine wichtige Rolle zur Eindämmung der Agency-Problematik wird dem Verwaltungsrat in Kombination mit einer ausgewogenen Corporate Governance beigemessen [vgl. Jensen (2004)]. Der Verwaltungsrat vertritt die Unternehmung gegenüber der Geschäftsleitung und hat zur Aufgabe, die Interessen der Aktionäre zu vertreten sowie die Umsetzung einer ausgewogenen Corporate Governance zu gewährleisten. In das Aufgabengebiet des Verwaltungsrats fällt auch die Festsetzung der Entschädigung von Verwaltungsratsmitgliedern und der Geschäftsleitung. Die meisten Best Practice-Empfehlungen sehen daher die Bildung eines Entschädigungsausschusses innerhalb des Verwaltungsrates vor. So wird im britischen Combined Code die Bildung eines Remuneration Committees empfohlen [vgl. Combined Code (2003), B.2.1].[20] Der Sarbanes-Oxley Act verlangt nur indirekt die Bildung eines Compensation Committee, da ein unabhängiges Compensation Committee nur ent-

[20] Der Combined Code ist die an der London Stock Exchange geltende Best Practice-Empfehlung, die aus den drei Empfehlungen Cadbury, Greenbury und Hampel entstanden ist.

sprechend den New York Stock Exchange Listing Standards zwingend vorgeschrieben ist, die Befolgung dieser aber vom Sarbanes-Oxley Act angeraten wird. Auch im Swiss Code ist die Bildung eines Entschädigungsausschusses fest verankert [vgl. Swiss Code (2002), II.g.25f.]. Hauptaufgabe des Compensation Committees ist die Festsetzung einer Entschädigungspolitik, die markt- und leistungsgerechten Kriterien entspricht, nachvollziehbar vom nachhaltigen Erfolg des Unternehmens abhängig ist und insbesondere falsche Anreize vermeidet [vgl. Swiss Code (2002), II.g.26].

Im modelltheoretischen Teil dieser Arbeit wird der Interessenkonflikt zwischen Eigentümern und Geschäftsleitung eingehend analysiert und es wird aufgezeigt, welche Faktoren die Interessensdivergenzen treiben. Im Mittelpunkt steht dabei, welche Mechanismen ein konsistentes Handeln der Geschäftsleitung im Interesse der Aktionäre sicherstellen, welchen Einfluss eine verzerrte Informationspolitik auf den gleichgewichtigen Entlohnungsvertrag hat und welche Wirkung der Standardsetter durch striktere Standards erzielt. Die theoretische Analyse eines optimalen Anreizvertrages unter expliziter Berücksichtigung der Earnings Management-Anreize von Managern wird eingehend in Kapitel 5 dieser Arbeit vorgenommen.

2.3.2 Aktienbasierte Entlohnung

Eigenkapitalorientierte Entlohnungssysteme wie Aktien oder Aktienoptionen sind als wichtige Komponenten eines effizienten Entlohnungssystems weit verbreitet, da neben den Aktionären auch die Geschäftsleitung von steigenden Aktienkursen profitiert [vgl. Towers Perrin (2005)]. Allerdings werden unzweckmässig ausgestaltete Optionsprogramme mitverantwortlich für eine verzerrte Publizitätspolitik und eine auf kurzfristige Gewinnmaximierung ausgerichtete Bilanzpolitik gemacht [vgl. Baglioni und Colombo (2006), S. 1f.]. Skandale, wie die Rückdatierung von Aktienoptionen an Führungskräfte, führten zu einem weiteren Vertrauensverlust und zum Vorwurf der Selbstbedienung durch die Manager [vgl. o.V. (2006)].

Diese Fehlanreize konnten bis 2004 aufgrund der mangelhaften Bilanzierungsvorschriften von Optionen verschleiert werden, da nach den IFRS wie auch nach den US-GAAP bis zum Jahre 2004 Unternehmen nicht verpflichtet waren, Optionen im Jahresabschluss als Personalaufwand zu verbuchen [vgl. Pellens u. a. (2006), S. 478].[21] Dadurch konnten Gehälter in Millionenhöhe an der Gewinn- und Verlustrechnung (GuV) vorbei ausgezahlt werden, wovon die Unternehmen bis 2004 auch starken Gebrauch machten. Beispielsweise wies Microsoft im Jahre 2002 eine Ergebnisbelastung durch Aktienoptionen in Höhe von rund 2.47 Mrd. US-Dollar nur pro forma im Anhang aus.

Um diese Fehlanreize zu mindern oder zumindest transparent zu machen, wurden IFRS 2 bzw. SFAS 123R verabschiedet, die inhaltlich bis auf wenige Details identisch sind [vgl. Pellens u. a. (2006), S. 504]. Optionen müssen seither neu in der GuV obligatorisch zum Zeitwert erfasst werden. Zusätzlich verkürzt der Sarbanes-Oxley Act die Meldefrist für die Vergabe von Aktienoptionen von einem Jahr auf zwei Tage [vgl. Section 403]. Als Konsequenz ist eine stark rückläufige Entwicklung bei der Ausgabe von Optionsplänen zu beobachten [vgl. Baglioni und Colombo (2006), S. 1]. Gleichzeitig stieg die Verbreitung alternativer eigenkapitalorientierter Entlohnungsformen, wie die Ausgabe eigener Aktien in Form von Belegschaftsaktienprogrammen und vergleichbaren Beteiligungsprogrammen (Restricted Stock Plans) stark an. Dieser Trend wird durch die 2003 Mercer CEO Compensation Survey and Trends, in der die Proxy Statements von 350 der grössten US-amerikanischen börsenkotierten Unternehmen analysiert werden, bestätigt. Danach sank die Anzahl der Unternehmen, die zwischen 2002 und 2003 Optionen an CEOs ausgaben, von 295 auf 278. Im gleichen Zeitraum erhöhte sich die Anzahl der CEOs, deren Entlohnung durch Aktienpläne ausgestaltet waren, von 104 auf 138. Ausserdem sank der Anteil von Optionen an der langfristigen Bonusbemessung von 76% auf 62%, während Aktienpläne von 12% auf 20%

[21] Die US-GAAP enthielten nur eine Empfehlung zur aufwandswirksamen Zeiterfassung von Optionen gemäss SFAS 123. Alternativ war allerdings auch eine aufwandsneutrale Verbuchung gemäss APB Opinion 25 möglich, die praktisch von allen Unternehmen angewendet wurde. IAS 19 verlangt ebenfalls keine Erfassung in der Gewinn- und Verlustrechnung, sondern lediglich eine Offenlegung im Anhang.

stiegen. Aktien, die zur Vergütung von Mitarbeitern eingesetzt werden, müssen ebenfalls nach IFRS 2 bzw. SFAS 123R bilanziert werden und unterliegen den gleichen weitreichenden Transparenzbestimmungen wie Optionen.[22]

Aus anreiztheoretischer Sicht haben Aktien im Gegensatz zu Optionen den Vorteil, dass sie Managern durch die Linearität des Anreizsystems robuste Leistungs- und Risikoanreize geben und das Downside Risk nicht einschränken [vgl. Knirsch und Schiller (2001), S. 9]. Daher wird in der modelltheoretischen Analyse die Anreizwirkung von Aktien auf das Informationsausweisverhalten von Managern analysiert und es wird untersucht, inwiefern Aktien geeignet sind, den erwähnten Agency-Konflikt zu lösen.

2.3.3 Offenlegung der Entlohnung

Die Offenlegung von Managemententschädigungen im Jahresabschluss ist ein zentraler Punkt der aktuellen Governance-Diskussion. Für die Offenlegung werden häufig zwei Argumente vorgebracht: Erstens werden Managemententschädigungen als zentraler Anreizmechanismus genutzt, um den Agency-Konflikt zwischen Aktionären und dem Management zu reduzieren. Zweitens könnte vor dem Hintergrund stark gestiegener Managementgehälter und dem daraus abgeleiteten Vorwurf der Selbstbedienung eine transparente Entlohnungspolitik genutzt werden, um das Vertrauen der Aktionäre und des Kapitalmarkts zurückzugewinnen.[23]

In den USA müssen börsenkotierte US-amerikanische Unternehmen innerhalb von 90 Tagen nach Ende eines jeden Geschäftsjahres bei der SEC einen nach Form 10-K erstellten Jahresbericht einreichen.[24] Teil III des in vier

[22] Der Anwendungsbereich dieser Standards ist deutlich weiter gefasst und regelt alle Transaktionen, bei denen Unternehmensanteile oder Optionen als Entgelt für Güter, Arbeitsleistungen oder andere Dienstleistungen gewährt werden [vgl. Pellens u. a. (2006), S. 478].

[23] In den USA stiegen die Gehälter von der Geschäftsleitung zwischen 1990 und 2004 um 300%, während die Unternehmensgewinne nur um 87% angestiegen sind [vgl. o.V. (2006)].

[24] Für ausländische Emittenten, die an einer US-amerikanischen Börse kotiert sind, stellt

Teile gegliederten 10-K Berichts widmet sich explizit der Vorstands- und Direktorenvergütung. Angabepflichtig sind die Zusammensetzung der Gesamtbezüge des CEO und der vier höchstbezahlten Manager neben dem CEO für die letzten drei Geschäftsjahre, gewährte und ausgeübte Aktienoptionen und aktienkursabhängige Tantiemeansprüche, Vergütungen aus langfristigen Anreizplänen und Pensionsansprüche [vgl. SEC (2006), Item 402 S-K oder Pellens u. a. (2006), S. 859].[25]

In den IFRS dagegen sind keine Vorschriften vorhanden, in denen geklärt wird, ob, wann und wie ein IFRS-Abschluss überhaupt publiziert werden soll. Dementsprechend ist auch die Offenlegung der Managergehälter nicht geregelt. Stellvertretend greift hier regelmässig nationales oder internationales Gesetzes- oder Verordnungsrecht [vgl. Pellens u. a. (2006), S. 840]. In Deutschland tritt ab 2007 das von der Bundesregierung verabschiedete Gesetz zur Offenlegung von Managergehältern in Kraft. Es zwingt alle börsenkotierten Unternehmen mit Sitz in Deutschland, die Gehälter der Vorstandsmitglieder einzeln und differenziert nach fixen, flexiblen und langfristigen Komponenten im Geschäftsbericht auszuweisen [vgl. Rasonyi (2005)]. Bei Verstössen ist ein Bussgeld von maximal 50'000 Euro vorgesehen.

Trotz der erhöhten Transparenzanforderungen fehlt es nicht an Kritikpunkten. So werden der Eingriff in die Privatsphäre der Manager oder die befürchtete mangelnde Akzeptanz in der Gesellschaft als Argumente gegen eine Offenlegung der Bezüge angeführt. Das ökonomisch bedeutendste Argument besagt allerdings, dass die Transparenz der Gehälter zu einer Aufwärtsspirale des Gehaltsniveaus führt, was auch bereits durch theoretische und empirische Untersuchungen belegt wurde [vgl. Göx und Heller (2006),

Form 20-F das Äquivalent zu Form 10-K dar. Form 20-F basiert zwar im Wesentlichen auf Form 10-K, enthält aber auch Erleichterungen, die speziell ausländischen Emittenten eingeräumt werden und zum Teil bilateral zwischen der SEC und dem Emittenten ausgehandelt werden [vgl. Pellens u. a. (2006), S. 861].

[25] In der Schweiz sieht der Entwurf zur Revision des Schweizer Aktienrechts von 2006 lediglich den detaillierten Ausweis des Gesamtsalärs, sowie des höchsten Salärs der Geschäftsleitung allerdings ohne Namensnennung, vor [vgl. Schwarz (2006)]. Auch der Swiss Code sieht nur die Offenlegung der Summe der Managemententschädigungen vor [vgl. Swiss Code (2002), Anhang 5.2].

Passardi-Allmendinger (2006) und Murphy (1999)].

Trotz dieser Kritikpunkte kann wohl aufbauend auf den gesetzlichen Regelungen behauptet werden, dass sich die Befürworter der erhöhten Transparenzbestimmungen durchgesetzt haben und daher den Kapitalmarktteilnehmern die Entlohnungskomponenten bekannt sind. Die Entlohnung der Manager stellt daher öffentlich verfügbare Information dar. Dieser Punkt wird in der analytischen Untersuchung aufgegriffen. Es wird die Annahme getroffen, dass den im Kapitalmarkt vertretenen Investoren und Analysten die Fix- und Anreizkomponente des Entlohnungsvertrages bekannt ist und der Kapitalmarkt dadurch Rückschlüsse auf die Anreize von Managern ziehen kann.

Kapitel 3

Stand der Forschung

diese Analyse relevanten Gebiet der analytischen Publizitätsforschung und dessen Einfluss auf die Corporate Governance kann primär anhand dreier Forschungszweige aufgezeigt werden:

1. *Publizitätsverhalten und -anreize von Unternehmen:*
   Untersuchungen zu den Anreizen von Eigentümern von Unternehmen bzw. deren Geschäftsleitung, interne Informationen dem Kapitalmarkt gegenüber zu publizieren.

2. *Reaktion des Kapitalmarktes auf die Publizitätspolitik von Unternehmen:*
   Analysen, die sich primär mit der Rolle der Investoren und deren Einfluss auf die Preisbildung, als Reaktion auf die Publizitätspolitik von Seiten der Unternehmung, beschäftigen.

3. *Agency-Probleme und Publizitätsverhalten:*
   Analysen zur Eindämmung der Agency-Problematik durch optimale Verträge einerseits im Beziehungsgeflecht Eigentümer und Geschäftsführung sowie andererseits in der Beziehung zwischen Geschäftsführung und Investoren.

Durch ökonomisch orientierte Publizitätsmodelle ist es möglich, eine Verbindung zwischen der Finanzberichterstattung von Unternehmen und den daraus resultierenden ökonomischen Konsequenzen herzustellen [vgl. Dye (2001)]. Diese Verbindung ermöglicht, die ökonomischen Auswirkungen geltender und insbesondere geplanter Buchhaltungsregeln ex-ante zu analysieren. Im Folgenden werden die bisherigen Erkenntnisse auf dem Gebiet der theoriebasierten Publizitätsforschung von Unternehmen zu den drei aufgeworfenen Themenkomplexen erläutert und der Beitrag dieser Arbeit aufgezeigt.

3.1 Publizitätsverhalten und -anreize von Unternehmen

In der durch die Bilanzskandale und den Sarbanes-Oxley Act entfachten Corporate Governance-Debatte werden häufig Bedenken bezüglich der Transparenz der Finanzberichterstattung geäussert. Der Sarbanes-Oxley Act begegnet dieser Problematik, indem er häufigere und detailliertere Veröffentlichungspflichten, verbunden mit höheren Strafen bei möglichem Fehlverhalten, festschreibt. Diese Stossrichtung des Sarbanes-Oxley Acts wirft zwei Fragestellungen auf:

1. Welche Anreize besitzen Unternehmen bzw. deren Geschäftsführung, den Kapitalmarkt wahrheitsgetreu über die finanzielle Situation der Unternehmung in Abwesenheit gesetzlicher Vorschriften zu informieren? Die Ergebnisse dieser Fragestellung können als Vergleichsmassstab verwendet werden, um nachfolgend die im Sarbanes-Oxley Act enthaltenen Publizitätsvorschriften auf ihre Effizienz hin zu untersuchen.

2. Wie verändern sich die Anreize der Unternehmung durch verschärfte Transparenzanforderungen und häufigere Publizität? Eine Anreizveränderung kann beispielsweise durch die Umsetzungskosten des Sarbanes-Oxley Acts herbeigeführt werden.

Analog zu Abschnitt 2.2.3 unterscheidet auch die Theorie primär zwischen Informationen, die obligatorisch an den Kapitalmarkt weitergeleitet werden müssen, wie Jahresabschlüsse oder Quartalsberichte, und Informationen, die von Unternehmen freiwillig veröffentlicht werden können. Die erstgenannten Analysen konzentrieren sich darauf, Anreize von Unternehmen, vorhandene Bilanzierungsspielräume im Jahresabschluss auszunutzen, um einen höheren Gewinn auszuweisen, zu untersuchen. Wie weit verbreitet diese Praxis des so genannten Earnings Management in modernen Unternehmen ist, wurde zwar nicht erst durch die bekannten Bilanzskandale erkannt, die Publizitätsforschung fokussiert allerdings seither sehr stark darauf, Mechanismen zu entwickeln, um Unternehmen zu wahrheitsgemässer Berichterstattung zu animieren [vgl. Ronen (2005)]. Die Analyse dieser Mechanismen bildet den Hauptteil der vorliegenden Forschungsarbeit. Es wird untersucht, wie eine Unternehmung abhängig von den geltenden Bilanzierungsregeln unterschiedlich grosse Ermessensspielräume zur Bilanzpolitik ausnutzt und dem Kapitalmarkt nur verzerrte Informationen zukommen lässt. Nachfolgend wird gezeigt, ob und inwiefern die mit dem Sarbanes-Oxley Act erlassenen verschärften Standards die Unternehmen zu wahrheitsgetreuer Berichterstattung animieren. Diese Analyse baut dabei in direkter Weise auf der Forschungsarbeit von Stein (1989) auf, die in unterschiedliche Richtungen von Fischer und Verrecchia (2000), Ewert und Wagenhofer (2005) und Fischer und Stocken (2004) weiterentwickelt wurden.

Dass Unternehmen über weitere kursrelevante Informationen verfügen, die sie freiwillig publizieren können, zeigt beispielsweise Waymire (1984). Er weist nach, dass 80% der Gewinnprognosen von weiteren freiwilligen Informationen begleitet werden. Allerdings mahnen Hutton u. a. (2003) an, dass die freiwillige Publikation von Informationen nicht isoliert betrachtet werden darf, sondern die jeweilige Motivation für die Veröffentlichung ergründet werden sollte. Genau an dieser Stelle setzen „freiwillige Publizitätsmodelle“ an. Sie zeigen explizit die Anreize von Unternehmen und Managern auf, unter denen sie Informationen freiwillig publizieren oder zurückhalten.

Begründet wird dieser Forschungsstrang durch die so genannten Full Disclosure-Modelle. Grossman (1981) und Milgrom (1981) analysieren jeweils ein Setting, in dem eine Unternehmung einen Informationsvorsprung gegenüber dem Kapitalmarkt hinsichtlich dessen Wert besitzt. In einer jüngeren Arbeit nehmen Korn und Schiller (2003) eine vollständige Charakterisierung dieses klassischen Problems vor. Das zentrale Ergebnis postuliert, dass, obwohl Unternehmen nicht gezwungen sind, ihre Informationen preiszugeben, sie dennoch die Informationen publizieren, unabhängig von dessen Ausprägung. Intuitiv erklären lässt sich diese Einsicht durch Sceptical Beliefs auf Seiten der Investoren, die ein Ausbleiben der Information als Worst Case interpretieren und Unternehmen zur Veröffentlichung jeglicher Information treiben. Dieses Prinzip ist als unraveling Prinzip in die Publizitätsliteratur eingegangen. Es dient als wichtigste Grundlage für die weitere Forschung auf dem Gebiet der freiwilligen Publizität und begründet die Ergebnisse in den meisten weiterführenden Modellen.

Dass jegliche Information unabhängig von deren Ausprägung veröffentlicht wird, erscheint in der Realität mehr als fragwürdig. Deshalb wurden Gründe analysiert, durch die ein Full Disclosure-Gleichgewicht durchbrochen wird. Zwei wesentliche Gründe wurden in der Vergangenheit herausgearbeitet: Erstens, wenn die Publizitätsentscheidung mit Kosten verbunden ist [vgl. Verrecchia (1983)], und zweitens, falls Unsicherheit auf Seiten der Investoren bezüglich der Informationsausstattung der Unternehmung herrscht [vgl. Jung und Kwon (1988)]. Typischerweise denkt man bei Kosten der Publikationsentscheidung an Kosten, die durch das Aufbereiten der Informationen oder deren Verbreitung entstehen. Allerdings kann die Publikation von Informationen auch im weiteren Sinne Kosten verursachen, wenn sie beispielsweise von Wettbewerbern oder Investoren gegen die Unternehmung verwendet wird, obwohl (oder gerade weil) sie positiv ist. Wagenhofer (1990) zeigt diese Implikation am Beispiel von Konkurrenz im Markt auf. Dieser Effekt, der nachfolgend als Kosteneffekt bezeichnet wird, führt zu einem partiellen Gleichgewicht, in dem bestimmte Informationen nicht veröffentlicht werden. Verrecchia (1983) und Jovanovic (1982) zeigen auf, dass, obwohl die Investoren rationale Erwartungen bezüglich des Werts der Unternehmung bilden, im Falle der Nichtveröffentlichung das unraveling Prinzip den Preis nicht vollständig nach unten treibt. Dadurch wird es vorteilhaft, „relativ schlechte“ Informationen nicht zu veröffentlichen, um die mit der Publizitätsentscheidung verbundenen Kosten zu vermeiden. Erstmalig wurde der Kosteneffekt durch die oben beschriebene Berücksichtigung von Konkurrenz endogenisiert [vgl. Wagenhofer (1990)]. Diesem Trend folgend, untersucht beispielsweise Korn (2004) ein Modell, in dem die Unternehmung ihren Gestaltungsspielraum in der Bilanzpolitik ausschöpft und sich dadurch einem erhöhten Risiko aussetzt, wegen Informationsmanipulation belangt zu werden.

Der zweite Grund, der erklärt, weshalb eine Unternehmung Informationen zurückhält, ergibt sich durch Unsicherheit bezüglich des Informationsstandes der Unternehmung. Die Investoren können in einem solchen Fall nicht mit Sicherheit sagen, ob eine Unternehmung überhaupt über bestimmte Informationen verfügt. Im theoretischen Rahmenwerk verursacht der Unsicherheitseffekt Zweifel bei den Investoren, wodurch sich aufbauend auf deren rationalem Erwartungssystem das Problem der asymmetrischen Informationsverteilung zumindest reduziert. Das Problem wurde erstmals von Dye (1985) im Rahmen einer vollständigen Gleichgewichtsanalyse sowie später von Jung und Kwon (1988) analysiert. Auf letztere Arbeit bezieht sich die heutige Forschung als Grundmodell, da sie erstmalig den Unsicherheitseffekt mittels eines bayesianischen Gleichgewichts analysiert und dadurch ein partielles Publizitätsverhalten der Unternehmen legitimiert.

Die beiden Variationen zur Arbeit von Jung und Kwon (1988), die am nächsten mit der vorliegenden Modellanalyse verwandt sind, sind Penno (1997) und Pae (1999). Penno (1997) untersucht die Intuition, dass eine bessere Informationsqualität auf Seiten der Unternehmung direkt mit einer erhöhten Publizität verbunden wird. Diese Fragestellung befasst sich primär mit der Funktion des internen Rechnungswesens und dessen Einfluss auf die Publizitätspolitik von Unternehmen. Wurde bisher die Verbindung zwischen der Publizitätspolitik und der Produktivität von Unternehmen vernachlässigt, so konnte die Lücke zumindest teilweise von Pae (1999) geschlossen werden. In seiner Studie geht er der Frage nach, warum und in welchem Masse die Geschäftsführung einen Anreiz besitzt, den Firmenwert zu steigern und inwiefern sich dies auf die Publizitätspolitik der Unternehmung auswirkt. Es wurde bewusst der Ausdruck „teilweise geklärt“ verwendet, da die Ergebnisse zumindest partiell von Pae selbst korrigiert wurden [vgl. Pae (2004)]. Einzig Goldman und Slezak (2005) untersuchen innerhalb einer theoretischen Analyse die Interaktion zwischen der Publizitätspolitik und dem Aktivitätsniveau von Managern. Durch ein Agency-Modell wird aufgezeigt, wie aktienbasierte Entlohnung Manager einerseits zu höherem produktiven Arbeitseinsatz verleitet, andererseits ihnen aber auch höhere Anreize gibt, Bilanzpolitik zu betreiben, wodurch sie Unternehmenswert vernichten. Die modelltheoretische Analyse in Kapitel 5 baut auf dem Modell von Goldman und Slezak (2005) auf. Im Unterschied zu Goldman und Slezak (2005) kann der Manager aber nicht die Realisation eines Gewinnsignals beobachten, sondern nur ein gestörtes Signal. Durch diese Modellierung ist es möglich, den Einfluss der Informationsqualität eines internen Rechnungslegungssystems in Bezug auf das Publizitätsverhalten von Managern zu analysieren. Die Zusammenführung des Aktivitätsniveaus von Managern und deren Publizitätsverhalten wird als wichtige Herausforderung erachtet, da beide Gebiete Hauptaufgaben moderner Unternehmen bilden, die nicht unabhängig voneinander sind. Mit der Analyse in Kapitel 5 soll diese Interaktion in einen theoretischen Rahmen gebracht werden.

3.2 Reaktion des Kapitalmarktes auf Publizitätspolitik von Unternehmen

Um untersuchen zu können, welche Anreize Unternehmen besitzen, den Kapitalmarkt mit internen Informationen zu versorgen, muss die Frage geklärt werden, wie die im Kapitalmarkt vertretenen Investoren auf diese Informationen reagieren [vgl. Karpoff (1987)]. Hierdurch können einzelne Preisbildungseffekte auf Seiten der Investoren explizit aufgezeigt werden. Darauf aufbauend kann die Verbindung zwischen veröffentlichter Information und deren Einfluss auf die Marktkapitalisierung analysiert werden.

Unterschiedliche Preisbildungsmechanismen des Kapitalmarktes werden seit Jahrzehnten diskutiert. Lintner (1969) beispielsweise diskutiert, wie sich Wertpapierpreise in einem perfekten Wettbewerbsmarkt verändern, wenn die Investoren einen unterschiedlichen Informationsstand aufweisen. Kritikpunkt an dieser Klasse von theoriebasierten Preisbildungsmodellen ist vor allem die Annahme, dass sich jeder Investor verhält, als hätte das eigene Verhalten keinen Preiseffekt [vgl. Merton (1987)]. Diesen Kritikpunkt greift die Klasse rationaler Erwartungsmodelle auf, in denen Investoren durch eigenes Handeln einen Einfluss auf die Marktpreise ausüben [vgl. Lundholm (1988)].

Dem verbleibenden Problem, dass eine Marktpreisänderung nicht ausschliesslich auf die Publizitätspolitik der Unternehmung zurückzuführen ist [vgl. Brown und Jennings (1989)], begegnen Folgearbeiten durch eine zusätzliche Handelsmöglichkeit zwischen Unternehmung und Investoren vor der Informationsbereitstellung. Die Mehrstufigkeit ergänzt die bisherige Forschung in dem Sinne, dass der Einfluss veröffentlichter Informationen auf den Preis nun ausschliesslich auf die erfolgte Publizitätspolitik der Unternehmung zurückführbar ist. Wichtige Voraussetzung für diese Argumentation ist, dass die Investorenschaft die Veröffentlichung von Information schon in der ersten Spielstufe antizipiert. Hierdurch kann zwar der Einfluss der veröffentlichten Informationen auf die Preisbildung separiert werden, allerdings ist die Frage zu stellen, ob dieser Vorteil die massiven analytischen Schwierigkeiten aufwiegt, die die zweite Spielstufe mit sich bringt, um alle an das Modell gestellten Rationalitätsanforderungen zu erfüllen [vgl. Kim und Verrecchia (1991)].

An letzter Rationalitätsforderung aller Marktteilnehmer knüpft wiederum eine Modellklasse an, die besonders in jüngerer Vergangenheit populär geworden ist. Bisher wurde davon ausgegangen, dass innerhalb der Investorenschaft eine symmetrische Informationsverteilung herrscht. Jede öffentlich verfügbare Information wird in das eigene Verhaltenssystem aufgenommen und in bayesianischer Art und Weise aktualisiert. Die Preise spiegeln daher alle relevanten Informationen wider. Seit kurzem wird dieser symmetrischen Informationsverteilung aller Marktteilnehmer der Einwand entgegengehalten, dass normalerweise in jedem Markt auch Investoren mit Insiderwissen vertreten sind, die ihren Informationsvorsprung zum eigenen Vorteil nutzen. Die neue Modellklasse nimmt diese asymmetrische Informationsverteilung auf und analysiert, wie sich die Anreizwirkung auf Investorenseite verschiebt, wenn bestimmte Informationen nicht vom gesamten Markt beobachtet werden können.

Die Forschungsanalyse in Abschnitt 4.5 knüpft direkt an die zuletzt genannte Modellklasse an. Es wird der Frage nachgegangen, ob und unter welchen Voraussetzungen der Marktpreis auf unterschiedliche Informationslagen reagiert und inwiefern sich dies durch mögliches Insiderwissen der Investoren erklären lässt. Ziel ist es, einen analytischen Rahmen für einen Markt zu definieren, in dem Investoren öffentlich verfügbare Informationen heterogen interpretieren. Obwohl sich neben den genannten Modellklassen noch einige weitere Klassifizierungen definieren liessen – unvollkommener Wettbewerb, heuristisches Verhalten von Investoren, konditionierte Beliefs von Investoren – werden diese hier nicht weiter erläutert. In der vorliegenden Arbeit sollen unterschiedliche Beliefsysteme sowie deren Interaktion auf Seiten der Investoren untersucht werden, um so jeweilige Preiseffekte separieren zu können und die Robustheit der erzielten Ergebnisse zu testen.

3.3 Agency-Probleme und Publizitätsverhalten

Hat sich die Analyse bisher auf das Beziehungsgeflecht zwischen Unternehmung und Kapitalmarkt konzentriert, so wendet sich dieser Teil explizit dem durch Earnings Management verursachten Interessenkonflikt innerhalb der Unternehmung zwischen Eigentümern (Aktionären) und Managern zu. Demski u. a. (2004) argumentieren, dass Aktionäre auf zwei unterschiedliche Arten geschädigt werden, falls Manager Bilanzpolitik betreiben. Erstens führt unerkannte Bilanzpolitik zu einer höheren Entlohnung der Manager. Zweitens findet so genanntes Window Dressing statt, worunter die Zeit und der Arbeitseinsatz verstanden wird, die Manager für die Bilanzpolitik aufbringen, die an anderer Stelle produktiv eingesetzt werden könnten. Earnings Management bürdet auf diese Weise der Unternehmung höhere finanzielle Verpflichtungen auf und mindert deren Produktivität. Der Schwerpunkt dieser Analyse wird auf die erst genannte Ausprägung gelegt.

Entscheidenden Einfluss auf die Anreize von Managern, Bilanzpolitik zu betreiben, hat das Entlohnungssystem. Als charakteristisches Merkmal der Ökonomie insbesondere zur Zeit des Internetbooms vor wenigen Jahren gelten aktienoptionsbezogene Vergütungssysteme. Diese Form der Entlohnung wurde zumeist auch von der Wissenschaft als wirksames Instrumentarium begrüsst, um die Interessen von Aktionären und Management in Einklang zu bringen [vgl. Berger und Berger (1999)]. In Folge des Platzens der New Economy Blase wurde allerdings die Kehrseite dieser Entlohnungssysteme aufgedeckt: Manager besitzen einen starken Anreiz, ihr Handeln sowie ihre Informationspflicht gegenüber dem Kapitalmarkt einzig und allein der Erhöhung des Aktienkurses zu unterwerfen [vgl. Goldman und Slezak (2005), S. 2].

Die vorliegende Analyse befasst sich innerhalb eines Agency-Settings mit diesen Anreizproblemen bzw. Interessenkonflikten, und soll in einem zweiten Schritt Mechanismen entwickeln, um diese Diskrepanzen möglichst zu eliminieren. Es existieren theoretische Modelle, in denen Anreizprobleme zwischen Aktionären und Management analysiert und das Design eines optimalen Anreizvertrags aufgezeigt werden [vgl. Holmström (1979), eine allgemeine Übersicht der Vertragstheorie findet sich in Lambert (2001)]. Allerdings bleibt in diesen Modellen ein kritisches Charakteristikum unberücksichtigt: Manager besitzen Anreize, die finanzielle Situation der Unternehmung durch Earnings Management zu manipulieren, um so den wahren Wert der Unternehmung gegenüber Investoren und Aktionären allzu positiv erscheinen zu lassen. Konsequenterweise sollten optimale Anreizverträge Managern nicht nur Anreize geben, den Aktienkurs zu erhöhen, sondern sie in gleichem Masse zu wahrheitsgemässer Berichterstattung animieren. Dieses Spannungsfeld wurde bereits in den Studien von Murphy (1999) und Jensen und Murphy (1990) empirisch belegt, indem gezeigt wurde, dass die empirisch gemessene Pay Performance-Sensitivität tiefer ist, als die von Standard Agency-Modellen prognostizierte Pay Performance-Sensitivität. Die Pay Performance-Sensitivität misst die von einem Entlohnungssystem ausgehenden Anreizwirkungen, indem die Änderung des Vermögens der Manager mit der Änderung des Vermögens der Aktionäre in Verbindung gebracht wird. Eine hohe Pay Performance-Sensitivität signalisiert, dass die Interessen der Manager mit denen der Aktionäre weitestgehend übereinstimmen.

Im Gegensatz zu den empirischen Studien fokussierte die Theorie bisher auf Bedingungen, unter denen Earnings Management als optimale Strategie entweder in einem Publizitätssetting, wie in Abschnitt 3.1 dargestellt, oder in einem Vertragsumfeld auftritt. Dutta und Gigler (2002) analysieren einen optimalen Vertrag und modellieren Earnings Management als so genanntes Window Dressing. Sie zeigen auf, wie eine Gewinnprognose eingesetzt werden kann, um Manager wirkungsvoll von Window Dressing-Aktivitäten abzuhalten. Demski u. a. (2004) erweitern die Analyse hin zu einem mehrperiodigen Setting und zeigen, dass unter sehr speziellen Annahmen Earnings Management auch als Anreiz für effektiveres Handeln in späteren Perioden eingesetzt werden kann und dadurch Aktionäre sogar durch die Manipulation profitieren können, wenn sie Manager in den ersten Perioden zu Earnings Management animieren. Somit existieren zwar theoretische Studien, die sich mit der Anreizgestaltung durch optimale Verträge als Antwort auf Earnings Management befassen. Allerdings wurde die Bilanzpolitik als aktives Element, das die Pay Performance-Sensitivität beeinflusst, bisher nicht analysiert.

In Kapitel 5 wird die obige Hypothese analytisch untersucht. Hierzu werden die beiden obigen Felder zusammengeführt und es wird ein optimaler Vertrag analysiert, der die von den Managern betriebene Bilanzpolitik sowie die erwartete Reaktion der Investoren in Form eines aktiven Preisbildungsmechanismus einbezieht. Dies unterscheidet diese Analyse gegenüber früheren Arbeiten dahingehend, dass Manager Earnings Management betreiben können und dadurch eine verzerrte Finanzsituation der Unternehmung gegenüber dem Kapitalmarkt publizieren. Die Investoren erhalten eine aktive Rolle in ihrer Funktion als Preissetzer, da sie in bestmöglicher Weise versuchen, die Verzerrung zu antizipieren und diese in die Preisbildung einfliessen zu lassen. Die hier verwendete Modellierung des Earnings Managements baut dabei direkt auf der Modellierung von Stein (1989) auf. Es wird aufgezeigt, wie die Möglichkeit, Earnings Management zu betreiben die gleichgewichtige Pay Performance-Sensitivität berührt und dadurch eine analytische Erklärung liefert, weshalb die empirisch gemessene Pay Performance-Sensitivität tiefer als die von Standard Agency-Modellen prognostizierte Pay Performance-Sensitivität ist.

Kapitel 4

Freiwilliges Publizitätsverhalten von Managern

In diesem Kapitel werden die Anreize von Managern untersucht, bestimmte, nicht publizierungspflichtige Informationen freiwillig zu publizieren. Die Stossrichtung der jeweils national geltenden Best Practice-Empfehlungen weist in die Richtung vermehrter und detaillierterer Publizitätsangaben von Unternehmen. Aufbauend auf dem Grundsatz „Comply or Explain“ soll durch diese Massnahmen eine hochwertige Finanzberichterstattung sichergestellt werden, durch die mögliches Fehlverhalten der Manager mit grösserer Wahrscheinlichkeit aufgedeckt wird. Es wird gezeigt, inwiefern diese veränderten Rahmenbedingungen die Anreize der obersten Leitungsorgane beeinflussen, in ihrem persönlichen Interesse eine verzerrte Informationspolitik zu betreiben, um den Kapitalmarkt bei der Bewertung der Unternehmung fehlzuleiten. Aufbauend auf diesen Analysen soll der Zusammenhang zwischen Bilanz- und Publizitätspolitik aufgezeigt werden. Es wird analysiert, inwiefern die Best Practice-Empfehlungen greifen und ob Korrekturen empfehlenswert sind.

Zusätzlich wird die Rolle des Kapitalmarktes innerhalb der Corporate Governance-Debatte näher beleuchtet. Während nachfolgend zunächst davon ausgegangen wird, dass alle im Kapitalmarkt vertretenen Investoren symmetrisch mit Informationen ausgestattet sind, wird in Abschnitt 4.5 dazu übergegangen, einen Markt zu analysieren, in dem ein Teil der Investoren über Insiderinformationen verfügt. Es wird der Frage nachgegangen, ob und unter welchen Voraussetzungen der Marktpreis auf unterschiedliche Informationen über- bzw. unterreagiert und inwiefern sich dies durch eine mögliche asymmetrische Informationsausstattung der Investoren erklären lässt. Ziel ist es, einen analytischen Rahmen für einen Markt zu definieren, in dem Investoren öffentlich verfügbare Informationen heterogen interpretieren. Es sollen unterschiedliche Beliefsysteme und deren Interaktion auf Seiten der Investoren untersucht werden, um so auftretende Preiseffekte separieren zu können. Durch diese Analyse ist es möglich, die Robustheit der Ergebnisse zu testen, um unter anderem die Frage beantworten zu können, in welchem Masse die Anreize von Managern, Bilanzpolitik zu betreiben, durch heterogene Investoren tangiert werden.

4.1 Modellbeschreibung

Es wird ein dreiperiodiges Szenario mit zwei risikoneutralen und strategisch agierenden Spielern betrachtet: den Eigentümern einer Unternehmung (Prinzipal) und einem Manager (Agent). Der Prinzipal möchte den Wert der Unternehmung langfristig maximieren und verfolgt daher das Ziel der Shareholder Value-Maximierung. Dem zeitlichen Handlungsablauf aus Abbildung 4.1 folgend, haben zu Beginn von Periode 0, was dem Zeitpunkt t=0 entspricht, der Manager und die im Kapitalmarkt vertretenen Investoren die gleichen Erwartungen bezüglich des normalverteilten Unternehmenswerts $\tilde{u} \sim N(\mu_u, \sigma_u^2)$.[1]

Innerhalb der Periode 1, t=1b, erhält der Manager mit Wahrscheinlichkeit p ein zusätzliches Signal über den Unternehmenswert, indem er die Realisation eines gestörten Signals y beobachtet. Mit der Gegenwahrscheinlichkeit $1-p$ erhält er kein Signal. Der Manager kann die Wahrscheinlichkeit p durch eige-

[1] Im weiteren Verlauf dieser Arbeit bezeichnet ein „˜" eine Zufallsvariable, z.B. $\tilde{u}$, während die Realisation der Zufallsvariable ohne „˜" dargestellt wird.

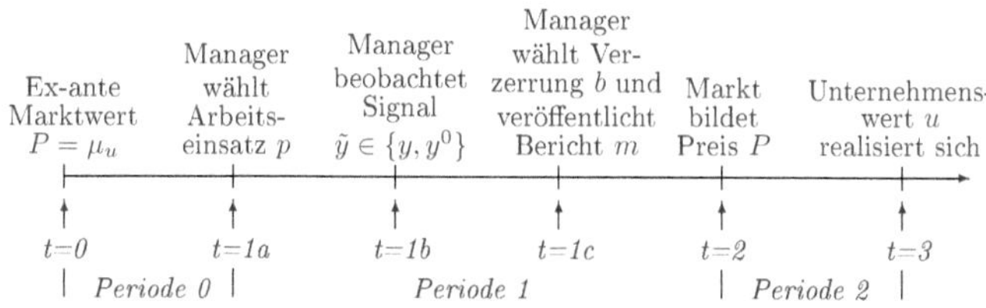

Abbildung 4.1: Zeitstrahl

nen Arbeitseinsatz e zu Beginn von Periode 1, t=1a, selbst beeinflussen. Je höher der Arbeitseinsatz des Managers ist, umso höher ist die Wahrscheinlichkeit, dass er ein informatives Signal y beobachtet. Der Arbeitseinsatz e symbolisiert, wie viel Arbeit der Manager bereit ist zu leisten, um zusätzliche Informationen über den Wert der Unternehmung durch ein zusätzliches Signal y zu erlangen. Es ist zu beachten, dass der Arbeitseinsatz selber keinen Einfluss auf den Unternehmenswert hat und daher ein unproduktives Signal ist. Da der Arbeitseinsatz die Wahrscheinlichkeit p steuert und per Annahme ein streng monotoner Zusammenhang zwischen diesen beiden Parametern besteht, wird der Parameter e zukünftig unterdrückt und es wird stattdessen die Wahrscheinlichkeit p als skaliertes Mass des Arbeitseinsatzes verwendet ($p = f(e)$). $p \in [0, 1]$ steht daher für den direkten Arbeitseinsatz des Managers und gibt gleichzeitig die Wahrscheinlichkeit an, mit der der Manager ein zusätzliches Signal über den Unternehmenswert empfängt. Zusätzlich ist der Arbeitseinsatz allerdings mit persönlichen Kosten $k_e(p)$ für den Manager verbunden.[2]

Das Signal y, das der Manager zum Zeitpunkt t=1b mit Wahrscheinlichkeit p beobachtet, ist für den Manager eine gestörte aber erwartungstreue Zusatzinformation in Bezug auf den Wert der Unternehmung. Eigentümer, Manager und Kapitalmarkt haben gemeinsame Erwartungen bezüglich der Eigenschaften des Signals $\tilde{y}$, die durch

$$\tilde{y} = \tilde{u} + \tilde{\varepsilon}$$

[2] Die Kosten $k_e(p)$ werden in Abschnitt 4.4 detailliert erläutert.

definiert sind. $\tilde{y}$ vermittelt den Unternehmenswert $\tilde{u}$, gestört mit dem Störterm $\tilde{\varepsilon} \sim N(0, \sigma_{\varepsilon}^2)$. Da der Erwartungswert von $\tilde{\varepsilon}$ Null ist und $\tilde{u}$ und $\tilde{\varepsilon}$ unabhängige Zufallsvariablen sind, ist das Signal $\tilde{y}$ daher erwartungstreu und normalverteilt mit dem Erwartungswert μ_u und der Varianz $\sigma_y^2 = \sigma_u^2 + \sigma_{\varepsilon}^2$.

Es handelt sich bei diesem Signal um die von Waymire (1984) aufgezeigten kursrelevanten Informationen, die nicht gesetzlich verpflichtend publiziert werden müssen, allerdings freiwillig publiziert werden können. Daher liegt es im Ermessen des Managers, ob er das gestörte Signal $\tilde{y}$ überhaupt publiziert. Zum Zeitpunkt t=1c muss der Manager eine Entscheidung darüber treffen, ob er ein beobachtetes Signal y publiziert oder nicht. Sein Entscheidungskriterium ist dabei seine Nutzenfunktion

$$U = f + s \cdot \hat{P} - [k_b + k_e(p)] \quad \text{mit } s \in [0, 1], \tag{4.1}$$

die er im Erwartungswert maximiert. Sie hängt ab vom fixen Einkommen f, einem erfolgsabhängigen, aktienbezogenen Entlohnungsanteil $s \cdot \hat{P}$ und zwei Disnutzenfaktoren, die durch den Arbeitseinsatz und eine verzerrte Informationspolitik entstehen.[3] Um die Interessen von Manager und Eigentümern in Einklang zu bringen, ist der variable Teil des Entlohnungsplans vom Aktienpreis P abhängig. Der Manager erhält einen Aktienanteil s der Unternehmung von den Eigentümern. Wie in Abschnitt 2.3.3 beschrieben, müssen Unternehmungen die Managemententlohnung offenlegen, die dadurch allen Marktteilnehmern bekannt ist. Daher wird die Annahme getroffen, dass der Parameter s allen Marktteilnehmern bekannt ist. Der Term in den eckigen Klammern bezeichnet die Kosten, die durch eine verzerrte Informationspolitik und durch den Arbeitseinsatz entstehen. Die Eigenschaften dieser Kosten werden im weiteren Verlauf detailliert erläutert. Schliesslich wird zur Vereinfachung, aber ohne Einschränkung der Allgemeingültigkeit, das fixe Einkommen auf $f = 0$ festgesetzt.

Nachdem der Manager ein informatives Signal y beobachtet hat, kann er diese Information für sich behalten oder er kann sie dem Kapitalmarkt gegenüber publizieren. Der Manager kann also entweder einen uninformativen

[3] Nachfolgend bezeichnet ein Hut „ $\hat{}$ " immer eine Vermutung über diese Zufallsvariable.

Bericht m^0 oder einen informativen Bericht m publizieren. Im ersten Fall erhält der Kapitalmarkt keine zusätzlichen Informationen bezüglich des Werts der Unternehmung. Im zweiten Fall publiziert der Manager einen informativen Bericht m. Die Rechnungslegungsstandards überlassen dem Manager allerdings Wahlrechte und Ermessensspielräume, durch die er Informationen verzerrt publizieren kann. Er hat daher die Möglichkeit das beobachtete Signal in seinem Interesse zu verzerren und nachfolgend dem Kapitalmarkt gegenüber zu publizieren. Folglich kann der Bericht m von der beobachteten Realisation des Signals y abweichen. Die Differenz stellt die vom Manager gewählte Verzerrung b dar, mit

$$m = y + b.$$

Die Verzerrung b symbolisiert das Ausmass der betriebenen Berichtsverzerrung und kann den Bericht m erhöhen, ihn theoretisch aber auch reduzieren. Wenn der Manager allerdings Informationen verzerrt, dann erleidet er einen Disnutzen k_b, mit

$$k_b = \begin{cases} \frac{c \cdot b^2}{2} & \text{wenn} \quad m > y \\ 0 & \text{wenn} \quad m \leq y \\ +\infty & \text{wenn} \quad \tilde{y} = y^0 \text{ und } \tilde{m} \neq m^0. \end{cases}$$

Der Disnutzen ist vom Manager persönlich zu tragen und geht entsprechend (4.1) direkt in seine Nutzenfunktion ein. Der Manager muss diesen Disnutzen allerdings nur dann tragen, wenn er den Bericht übertreibt ($m > y$). In diesem Fall beträgt der Disnutzen $\frac{c \cdot b^2}{2}$ und ist konvex in b. Der Disnutzen umfasst beispielsweise den benötigten Zeitaufwand, das Prozessrisiko, höhere Beratungskosten oder die hohe psychische Belastung des Managers. Wenn der Gesetzgeber die Rechnungslegungsstandards verschärft, wird es für den Manager ebenfalls schwieriger, mögliche Spielräume zu finden, um Informationen verzerrt zu publizieren. Dann erleidet er durch die Berichtsverzerrung einen höheren Disnutzen im Vergleich zum Fall, in dem die Standards weniger streng sind. Der positive Parameter c, der die Kosten der Verzerrung $k_b = \frac{c \cdot b^2}{2}$ lenkt, kann daher als Mass für die Strenge der Rechnungslegungsstandards interpretiert werden.

Für den Fall, dass der Manager einen zu konservativen Bericht publiziert ($m < y$), entsteht ihm kein Disnutzen. Für den Fall, dass der Manager einen informativen Bericht m publiziert, obwohl er ein uninformatives Signal y^0 beobachtet hat, ist der Disnutzen aus der Verzerrung unendlich hoch. Daher gibt es drei Veröffentlichungsmöglichkeiten, bei denen der Disnutzen aus der Verzerrung k_b gleich Null ist: Erstens, wenn der Manager einen uninformativen Bericht m^0 publiziert; zweitens, wenn er den informativen Bericht im Vergleich zum beobachteten Signal y untertreibt und drittens, wenn er wahrheitsgemäss publiziert ($b = 0$).

Falls der Manager das uninformative Signal y^0 beobachtet hat, kann er theoretisch ebenfalls einen informativen oder einen uninformativen Bericht publizieren. Wenn er allerdings einen informativen Bericht veröffentlicht, begeht er per Annahme Betrug, da er den Markt mit nicht existierenden Informationen versorgt. Der Unterschied zur oben beschriebenen Berichtsverzerrung liegt darin, dass der Manager dort seinen Publizitätsausweis auf einem zusätzlich beobachteten Signal y aufbauen kann und sich die Verzerrung durch Ausschöpfung bilanzpolitischer Spielräume zumindest im Grenzbereich der Legalität bewegt. Im zweiten Fall dagegen wäre ein informativer Bericht ohne belegbare Informationsgrundlage und daher illegal. Die zu erwartende Strafzahlung wäre unendlich hoch ($c \to \infty$), was zu unendlich hohen Kosten k_b führen würde. Daher versorgt der Manager den Markt immer mit einem uninformativen Bericht m^0, wenn er ein uninformatives Signal y^0 beobachtet hat.

Am Ende von Periode 1 bildet der Kapitalmarkt aus dem erhaltenen Bericht $\tilde{m} \in \{m, m^0\}$, $m \in \Re$ den Aktienpreis P. Per Annahme sind alle Investoren im Kapitalmarkt identisch und rational agierend. Sie werten alle öffentlich verfügbaren Informationen informationseffizient[4] aus und sind daher unbeschränkt in ihrer Fähigkeit, diese Informationen zu verarbeiten und auszu-

[4] Fama (1970) definiert die Informationseffizienz wie folgt: „A market in which prices always fully reflect available information is called efficient." [vgl. Fama (1970), S. 383].

werten.[5] Daher sind alle öffentlich verfügbaren Informationen im Preis

$$P = E(\tilde{u}|m) \text{ mit } m \in \{y + b, m^0\}$$

enthalten. Der Kapitalmarkt beobachtet den (un-)informativen Bericht und preist die Unternehmung zu ihrem erwarteten Wert ein. Zum Zeitpunkt t=3 realisiert sich der Unternehmenswert u. Allerdings liegt annahmegemäss der Zeitpunkt t=3, in der sich der Unternehmenswert endgültig realisiert, so weit in der Zukunft, dass eine Kontrahierung darauf nicht praktikabel wäre und stattdessen der Aktienkurs in t=2 als Grundlage für die Entlohnung herangezogen wird.

Wenn der Kapitalmarkt einen uninformativen Bericht m^0 beobachtet, dann ist er nicht in der Lage, den Grund für das Ausbleiben der Information eindeutig zu bestimmen, da er zwischen zwei sich ausschliessenden Gründen nicht unterscheiden kann. Ein möglicher Grund für das Ausbleiben der Information ist, dass der Manager in t=1b ein uninformatives Signal y^0 beobachtet hat (Fall A). Zweiter möglicher Grund ist, dass der Manager zwar ein informatives Signal y beobachtet hat, dieses allerdings zurückhält, da es für den Manager „ungünstig“ ist (Fall B). „Ungünstig“ bedeutet, dass das empfangene Signal y unterhalb eines bestimmten kritischen Werts $x \in [\underline{y}, \bar{y}]$ liegt. Der Wert x wird dabei als Publizitätsschwellenwert bezeichnet. Er ist dadurch charakterisiert, dass alle informativen Signale y vom Manager zurückgehalten werden, wenn $y < x$ gilt, und alle vorteilhaften Signale, die mit $y \geq x$ über dem Schwellenwert liegen, veröffentlicht werden.

Es wird die Annahme getroffen, dass der Manager gegenüber den Investoren nicht glaubhaft machen kann, dass er immer, wenn er einen uninformativen Bericht m^0 publiziert, ein uninformatives Signal y^0 beobachtet hat. Daher muss der Markt für den Fall Nondisclosure (ND) zur Preisbildung die Möglichkeit in Betracht ziehen, dass der Manager vorsätzlich empfangene Informationen zurückhält, wie es im Fall B beschrieben wurde. Der daraus

[5] Diese Annahme wird in Abschnitt 4.5 aufgehoben und die Analyse wird auf einen Kapitalmarkt, in dem auch Investoren mit Insiderwissen vertreten sind, ausgeweitet.

entstehende Preis P^{ND} entspricht dem bedingten Erwartungswert des Unternehmenswerts $\tilde{u}$, wenn kein informativer Bericht publiziert wird, mit

$$\begin{aligned} P^{ND} = E(\tilde{u}|ND) &= Prob(Fall\ A|ND) \cdot P^A + Prob(Fall\ B|ND) \cdot P^B \\ &= \frac{1-p}{1-p+p\cdot G(x)} \cdot P^A + \frac{p\cdot G(x)}{1-p+p\cdot G(x)} \cdot P^B. \quad (4.2) \end{aligned}$$

$G(\cdot)$ bezeichnet die Verteilungsfunktion der normalverteilten Zufallsvariablen $\tilde{y} \sim (\mu_u, \sigma_y^2)$. Die Terme vor den Preisen P^A und P^B stehen für die bedingten Wahrscheinlichkeiten für den Fall Nondisclosure. P^{ND} stellt daher einen gewichteten Durchschnitt zweier möglicher Preise P^A und P^B dar, die im Fall Nondisclosure auftreten können. Im Fall A hat der Manager keine zusätzliche Information erhalten, es wird kein informativer Bericht m publiziert, wodurch der Markt seine Vermutungen bezüglich des Firmenwerts nicht anpassen muss. Wenn der Markt diesen Fall direkt beobachten könnte, würde er als Unternehmenswert weiterhin den unbedingten Erwartungswert bilden und daher die Unternehmung mit

$$P^A = \mu_u \quad (4.3)$$

bewerten. Im Fall B dagegen hat der Manager die Information y erhalten, hält diese aber vor dem Markt zurück. In diesem Fall würde der Markt antizipieren, dass der Manager ein unvorteilhaftes Signal $y < x$ erhalten hat und die Unternehmung mit

$$P^B = E(\tilde{u}|y < x) = \mu_u - \sigma_u^2 \cdot \frac{g(x)}{G(x)} \quad (4.4)$$

bewerten.[6] $g(\cdot)$ bezeichnet die Dichtefunktion der normalverteilten Zufallsvariablen $\tilde{y} \sim (\mu_u, \sigma_y^2)$. Durch Substitution der Preise P^A aus (4.3) und P^B aus (4.4) in (4.2) bildet sich der Preis P^{ND} wie folgt:

$$P^{ND} = E(\tilde{u}|ND) = \mu_u - \frac{p \cdot \sigma_u^2 \cdot g(x)}{1-p+p\cdot G(x)}. \quad (4.5)$$

P^{ND} ist negativ abhängig von der Wahrscheinlichkeit p, da $\frac{\partial P^{ND}}{\partial p} < 0$. Intuitiv kann dies dadurch erklärt werden, dass der Markt im Fall Nondisclosure

[6] Der Term auf der rechten Seite von (4.4) steht für das erste Moment einer abgeschnittenen bivariaten Normalverteilung [vgl. Greene (2003), S. 781, Theorem 22.5].

misstrauischer wird, je wahrscheinlicher es ist, dass der Manager ein informatives Signal erhalten hat, dieses allerdings zurückhält. Ausserdem liegt P^{ND} grundsätzlich unterhalb des unbedingten Erwartungswerts μ_u, da $\frac{p \cdot \sigma_u^2 \cdot g(x)}{1-p+p \cdot G(x)}$ immer positiv ist und daher $P^{ND} < \mu_u$ gelten muss.

Wenn der Markt einen informativen Bericht $m = y + b$ erhält, antizipiert er in seinem Preisbildungsprozess, dass der Bericht verzerrt ist. In diesem Fall bildet der Manager den Marktpreis als Funktion, die auf den bestehenden Vermutungen bezüglich $\tilde{u}$ aufbaut und zusätzlich den Bericht des Managers m berücksichtigt. Als Preis ergibt sich dann

$$
\begin{aligned}
P^{Discl} = E(\tilde{u}|m,\hat{b}) &= E(\tilde{u}) + \frac{cov(\tilde{u},\tilde{m})}{var(\tilde{m})}(m - E(\tilde{m})) \\
&= \mu_u + \frac{\sigma_u^2}{\sigma_y^2}(m - \mu_u - \hat{b}).^7 \qquad (4.6)
\end{aligned}
$$

Der Spielbaum und der Preisbildungsprozess für P^{ND} und P^{Discl} sind in Abbildung 4.2 illustriert.

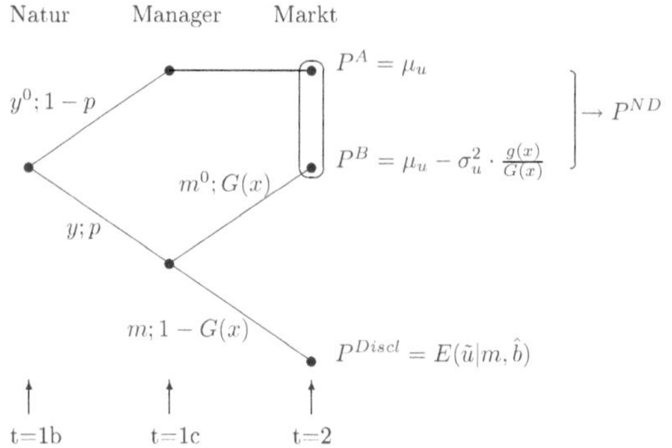

Abbildung 4.2: Spielbaum

[7] Die rechte Seite von (4.6) steht für den ersten Moment einer linearen Regression in Bezug auf m [vgl. Greene (2003), S. 866, Theorem B.3].

4.2 Ergebnisse der modelltheoretischen Analyse

Die modelltheoretische Analyse wird rückwärtsinduktiv gelöst, indem aufbauend auf den vom Manager antizipierten Marktpreisen P^{ND} aus (4.5) und P^{Discl} aus (4.6) dessen Informationsverzerrungsverhalten zum Zeitpunkt t=1c berechnet wird. Analog zu den verwandten Modellen von Fischer und Verrecchia (2000) und Ewert und Wagenhofer (2005) beschränkt sich die Analyse auf ein lineares Preisgleichgewicht, in dem der vom Markt gebildete Preis P linear im Bericht m ist. Zu Beginn wird analysiert, welcher Preis sich einstellt, wenn der Manager ein informatives Signal beobachtet hat und nachfolgend den Bericht $m = y + b$ an den Kapitalmarkt sendet. Diese Situation ist eng verwandt mit dem beschriebenen Preisbildungsprozess in Stein (1989) oder Fischer und Verrecchia (2000). Danach wird die entgegengerichtete Situation analysiert, in der der Manager einen uninformativen Bericht m^0 publiziert. Basierend auf diesen Ergebnissen wird der gleichgewichtige Schwellenwert hergeleitet. Dieser Schwellenwert separiert den Nondisclosure-Bereich der privat beobachteten Signale $y < x$ vom Disclosure-Bereich mit $y \geq x$. Der Schwellenwert terminiert die Anreize des Managers, den Kapitalmarkt mit privaten Informationen zu versorgen. Das Gleichgewichtsergebnis wird anschliessend in den Abschnitten 4.2.4 und 4.2.5 mittels komparativer Statik interpretiert.

4.2.1 Verzerrungsanreize bei einem informativen Bericht

Der Kapitalmarkt antwortet auf einen informativen Bericht m, indem er die Unternehmung entsprechend des bedingten Erwartungswerts von $\tilde{u}$ bei gegebenem Bericht m und den vom Markt gebildeten Erwartungen in Bezug auf die Verzerrung $\hat{b}$ bewertet. Dadurch stellt sich der Preis

$$\begin{aligned} P^{Discl} = E(\tilde{u}|m,\hat{b}) &= \mu_u + \frac{\sigma_u^2}{\sigma_y^2}(m - \mu_u - \hat{b}) \\ &= \mu_u + \frac{\sigma_u^2}{\sigma_y^2}(y + b - \mu_u - \hat{b}) \end{aligned} \tag{4.7}$$

ein. Wenn die Erwartung bezüglich der Verzerrung rational ist, müssen simultan die Gleichgewichtsbedingungen

$$b = b^* \wedge \hat{b} = b^* \tag{4.8}$$

erfüllt sein. b steht für die tatsächliche vom Manager gewählte Verzerrung, $\hat{b}$ repräsentiert die vom Markt antizipierte Verzerrung und b^* symbolisiert die gleichgewichtige Verzerrung.[8] Im Gleichgewicht hat die Informationsverzerrung daher aus Sicht des Marktes keinen Informationsverlust zur Folge, wenn der Kapitalmarkt einen rationalen Erwartungswert bildet und damit die Verzerrung perfekt aus dem Preis herausrechnen kann. Da im Gleichgewicht $b = \hat{b}$ gelten muss, wird der beschriebene Zusammenhang aus (4.7) deutlich. Die tatsächliche Verzerrung für den Markt ist allerdings nicht beobachtbar. Die Erwartungen des Marktes in Bezug auf die Verzerrung sind mit $\hat{b}$ fixiert und daher unabhängig vom beobachteten Signal y, wodurch die Preiserwartungen des Marktes steigen, wenn die tatsächlich gewählte Verzerrung b ebenfalls steigt.[9]

Um die gleichgewichtige Verzerrung b^* zu berechnen, muss zuerst ein Preisgleichgewicht hergeleitet werden, in dem der vom Manager antizipierte Preis $\hat{P}^{Discl}$ mit der Preisbildung des Marktes P^{Discl} aus (4.7) übereinstimmt. Das Modell beschränkt sich auf lineare Gleichgewichte, da sie intuitive Ergebnisse liefern und relativ einfach zu charakterisieren sind [vgl. Fischer und Verrecchia (2000), S. 234]. Der Bericht m hat daher einen linearen Einfluss auf den vermuteten Preis $\hat{P}^{Discl}$, mit

$$\hat{P}^{Discl} = \alpha + \beta \cdot m. \tag{4.9}$$

[8] Nachfolgend terminiert ein Stern „*“ immer ein Gleichgewicht.

[9] Vgl. Stein (1989) oder Goldman und Slezak (2005), S. 13 für ein ähnliches Argument.

Im Gleichgewicht müssen die Erwartungen des Managers bezüglich des Preises $\hat{P}^{Discl}$ mit dem Preisbildungsprozess des Marktes übereinstimmen. Aus (4.7) und (4.9) kann daher geschlossen werden, dass ein Preisgleichgewicht existiert, mit

$$\begin{aligned} \alpha &= (1-\beta)\mu_u - \beta \cdot b^* \\ \text{und } \beta &= \frac{\sigma_u^2}{\sigma_y^2} \end{aligned} \tag{4.10}$$

gilt. Da der Manager nicht glaubwürdig vermitteln kann, dass er einen unverzerrten Bericht publiziert, wählt er als beste Antwort die Verzerrung b, indem er seine Nutzenfunktion U^{Discl} in Abhängigkeit von b maximiert, mit

$$b^* \in arg\ U^{Discl} = \underset{b}{max}\ s \cdot \hat{P}^{Discl} - \frac{c \cdot b^2}{2} - k_e(p). \tag{4.11}$$

U^{Discl} berücksichtigt, dass der Manager das Signal y kennt und die erwartete Preisreaktion des Marktes $\hat{P}^{Discl}$ auf den Bericht m antizipiert. Um das Erwartungsgleichgewicht herzuleiten, müssen die tatsächlich gewählte Verzerrung und der tatsächlich gebildete Preis mit ihren jeweiligen Erwartungen übereinstimmen und somit $b^* = \hat{b}$ und $P^{Discl} = \hat{P}^{Discl}$ gelten. Das Einsetzen des Preisbildungsprozesses in die Zielfunktion des Managers führt zu

$$b^* \in arg\ \underset{b}{max}\ s \cdot [\alpha + \beta \cdot m] - \frac{c \cdot b^2}{2}. \tag{4.12}$$

Nach Einsetzen von $m = y + b$ in (4.12) ergibt sich die optimale Verzerrung durch die Bedingung erster Ordnung mit

$$b^* = \frac{s \cdot \beta}{c}. \tag{4.13}$$

Dem Markt sind mit $s, \beta(\sigma_u^2, \sigma_y^2), c$ alle Parameter bekannt, die einen Einfluss auf die optimale Informationsverzerrung haben. Da die Investoren rational agieren, können sie die Informationsverzerrung perfekt antizipieren. Es ist zu beachten, dass b^* unabhängig vom beobachteten Signal y und der Wahrscheinlichkeit p ist. Falls die Investoren den Bericht m erhalten, wissen sie, dass der Manager ein informatives Signal im Zeitpunkt t=1b empfangen hat, wodurch die Verzerrung unabhängig von der Wahrscheinlichkeit p ist.

Das Ausmass der Informationsverzerrung ist positiv abhängig von der Höhe der aktienbasierten Entlohnung s. Wenn $s \rightarrow 1$ strebt, dann besitzt der Manager de facto die Unternehmung und die gleichgewichtige Verzerrung b^* steigt, da die Investoren antizipieren, dass der Manager ein grosses Interesse an einem hohen Preis P^{Discl} hat. Strengere Rechnungslegungsstandards ($c \uparrow$) reduzieren dagegen die Verzerrungsanreize, da es für den Manager teurer wird, den Bericht zu verzerren. Wenn $c \rightarrow \infty$ strebt, dann würden die Rechnungslegungsstandards dem Manager keinerlei Wahlmöglichkeiten in der Finanzberichterstattung überlassen. Folglich würde der Manager das beobachtete Signal y wahrheitsgemäss und unverzerrt ($b^* = 0$) publizieren, und es würde $m = y$ resultieren. Das Verhältnis zwischen der Strenge der Rechnungslegungsstandards c und dem Anteil der aktienbasierten Entlohnung s bestimmt letztendlich die Verzerrung b^*. Es ist zu beachten, dass diese beiden Faktoren jeweils entgegengesetzt auf die Anreize des Managers, im Gleichgewicht Informationen verzerrt zu publizieren, wirken.

Lemma 1. *Der Manager wird bei endlichen Publizitätskosten k_b immer einen Anreiz besitzen, Informationen verzerrt zu publizieren. Er wird nur dann wahrheitsgemäss berichterstatten, wenn die Rechnungslegungsstandards so streng sind, dass sie dem Manager keinerlei Wahlmöglichkeiten belassen, und dadurch zu unendlich hohen Publizitätskosten führen würden.*

Aus (4.9) kann abgeleitet werden, dass β die Wertrelevanz des Berichts m aus Sicht des Marktes terminiert. Entsprechend (4.10) ist β abhängig von den Parametern σ_u^2 und $\sigma_y^2 = \sigma_u^2 + \sigma_\varepsilon^2$, die den Investoren bekannt sind. Die Wertrelevanz nimmt ihren maximalen Wert $\beta = 1$ an, wenn $\sigma_\varepsilon^2 \rightarrow 0$ strebt. In diesem Fall interpretiert der Markt das Signal y als Realisation des Unternehmenswerts u. Im Gegensatz zu Fischer und Verrecchia (2000) ist dem Markt im vorliegenden Modell die Zielfunktion des Managers vollständig bekannt. Er kennt daher alle Einflussfaktoren auf die Verzerrung b^* und kann daher perfekt auf den Bericht m rückschliessen. In diesem Setting ist die Berichtsverzerrung daher für den Manager ex-ante und ex-post ineffizient, da er keinen Nutzengewinn erzielt, allerdings Kosten aus der Verzerrung tragen muss. Da er nicht glaubhaft machen kann, den Bericht m nicht zu verzerren, ist b^* eine beste Antwort auf die Erwartungen des Marktes. Dieses Verhaltensmuster wird häufig als „shooting oneself in the foot"-Verhalten bezeichnet [vgl. Korn (2004) S. 143].

4.2.2 Zielfunktion des Managers bei einem uninformativen Bericht

Wenn der Manager einen uninformativen Bericht m^0 publiziert, muss er keine Publizitätskosten k_b berücksichtigen. In diesem Fall berechnet er seine Zielfunktion als

$$\begin{aligned} U^{ND} &= s \cdot \hat{P}^{ND} \\ &= s \cdot \left[\mu_u - \frac{p \cdot \sigma_u^2 \cdot g(x)}{1 - p + p \cdot G(x)}\right]. \end{aligned} \tag{4.14}$$

Nur die erfolgsabhängige Entlohnungskomponente s hat dann neben dem antizipierten Preis $\hat{P}^{ND}$ Einfluss auf die Nutzenfunktion U^{ND}.

4.2.3 Publizitätsgleichgewicht

Der gleichgewichtige Schwellenwert $y = x^*$ terminiert den Informationswert, der den Nondisclosure-Bereich aller privat beobachteten Signale y unterhalb von x^* ($y < x^*$) vom Disclosure-Bereich für alle Signale über x^* ($y \geq x^*$) trennt. Ein Gleichgewicht existiert, wenn der vom Manager gewählte Schwellenwert x mit dem vom Markt antizipierten Schwellenwert $\hat{x}$ übereinstimmt und somit $x = \hat{x} = x^*$ gilt. Für den Fall, dass der Manager das Signal $y = x^*$ beobachtet, muss im Gleichgewicht die Indifferenzbedingung

$$U_{y=x^*}^{ND} = U_{y=x^*}^{Discl}$$

erfüllt sein. Der Manager ist in x^* indifferent, ob er das Signal veröffentlicht oder nicht, da seine Zielfunktion in beiden Fällen den gleichen Wert annimmt. Der Manager hält jedes Signal unterhalb des gleichgewichtigen Schwellenwerts zurück und veröffentlicht alle Signale, für die $y \geq x^*$ gilt. Es wird die Annahme getroffen, dass ein indifferenter Manager immer informativ publiziert [vgl. Jung und Kwon (1988)].

Um den gleichgewichtigen Schwellenwert herzuleiten, wird zuerst die Perspektive des Managers eingenommen und nachfolgend aus Sicht des Marktes argumentiert. Der Manager ist indifferent, den Bericht m zu veröffentlichen, wenn

$$\begin{aligned} U^{ND} &= U^{Discl} \\ s \cdot \left[\mu_u - \frac{p \cdot \sigma_u^2 \cdot g(x)}{1-p+p \cdot G(x)}\right] &= s\left[\mu_u + \frac{\sigma_u^2}{\sigma_y^2}[m - \mu_u - b^*]\right] - \frac{c \cdot b^{*2}}{2}. \end{aligned} \quad (4.15)$$

Die Bedingung (4.15) kann umgeformt werden in

$$m = \mu_u + b^* - \frac{p \cdot \sigma_y^2 \cdot g(x)}{1-p+p \cdot G(x)} + 0.5 \cdot b^*. \quad (4.16)$$

Der Manager verzerrt den Bericht mit $m = y + b^*$. Eingesetzt in (4.16) lautet die Indifferenzbedingung für jedes privat empfangene Signal y

$$y = \mu_u - \frac{p \cdot \sigma_y^2 \cdot g(x)}{1-p+p \cdot G(x)} + 0.5 \cdot b^*. \quad (4.17)$$

Deshalb wählt der Manager den Schwellenwert x mit

$$x = \mu_u - \frac{p \cdot \sigma_y^2 \cdot g(x)}{1-p+p \cdot G(x)} + 0.5 \cdot b^*. \quad (4.18)$$

Auf der anderen Seite kann der Markt das Ausmass der Informationsverzerrung perfekt antizipieren und interpretiert den erhaltenen Bericht als das tatsächlich vom Manager beobachtete Signal y plus der Verzerrung b^*, mit $m = y + b^*$. Der Markt antizipiert, dass der Manager indifferent ist, wenn

$$y = m - b^* = \hat{x} \quad (4.19)$$

gilt, mit $\hat{x}$ als dem vom Markt antizipierten Schwellenwert.

Im gleichgewichtigen Schwellenwert müssen die Erwartungen der Manager und die Erwartungen des Marktes mit

$$x = \hat{x} = x^* \quad (4.20)$$

simultan erfüllt sein. Die Gleichgewichtsbedingung (4.20) muss daher den Vorstellungen der Manager in Bezug auf x entsprechen und gleichzeitig die Vorstellungen des vom Markt antizipierten Schwellenwerts $\hat{x}$ erfüllen. Daher herrscht ein Publizitätsgleichgewicht, wenn

$$x^* - (\mu_u + 0.5 \cdot b^*) \quad = \quad -\frac{p \cdot \sigma_y^2 \cdot g(x^*)}{1 - p + p \cdot G(x^*)} \tag{4.21}$$

erfüllt ist. Wenn der Schwellenwert x^* steigt, wird der Manager weniger Informationen publizieren, wodurch die Informationsversorgung der Investoren beeinträchtigt wird. Die beschriebene Wirkungsweise des Schwellenwerts und die Art und Weise, wie er den Nondisclosure-Bereich vom Disclosure-Bereich trennt, ist zusätzlich in Abbildung 4.3 veranschaulicht.

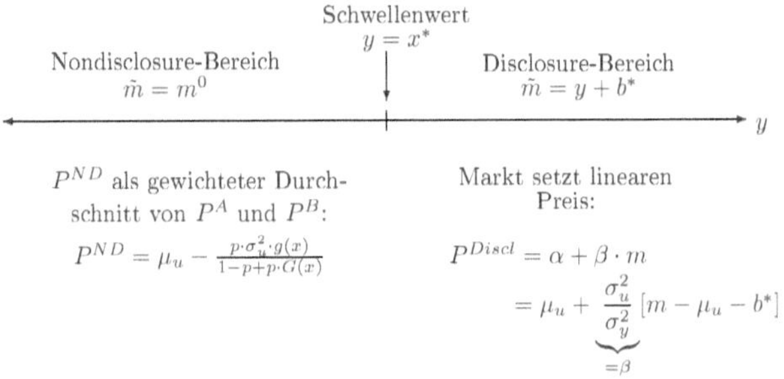

Abbildung 4.3: Separierender Effekt des Schwellenwerts x^*

Eines der Hauptanliegen von Standardsettern besteht in gut mit Informationen versorgten Kapitalmärkten. Folglich ist der Gesetzgeber an einem tiefen Schwellenwert x^* interessiert und es stellt sich die Frage, wie die unterschiedlichen Parameter, die den Schwellenwert tangieren, die Publizitätspolitik beeinflussen. Der Schwellenwert der Gleichgewichtsbedingung (4.21) ist von zwei Effekten abhängig. Erstens ist er vom Unsicherheitseffekt abhängig, der die Unsicherheit des Marktes wiedergibt, ob der Manager das private Signal y tatsächlich beobachtet hat. Der Unsicherheitseffekt spiegelt sich in der Wahrscheinlichkeit p und dem Term auf der rechten Seite von (4.21) wider. Zweitens existiert ein Kosteneffekt, der durch die Publizitätskosten hervorgerufen wird. Er beeinflusst die gleichgewichtige Verzerrung b^* durch den Term $0.5 \cdot b^*$ auf der linken Seite von (4.21). Es ist zu beachten, dass der Kosteneffekt unabhängig von der Wahrscheinlichkeit p ist, da der Markt weiss, dass der Manager ein informatives Signal beobachtet hat, wenn der Markt selber den Bericht m empfängt und der Manager nur in diesem Fall Publizitätskosten zu tragen hat.

4.2.4 Komparative Statik bei sicherem Informationsbesitz

Um den Einfluss der Informationsverzerrung auf die Gleichgewichtsbedingung zu verdeutlichen, wird in diesem Abschnitt der Unsicherheitseffekt eliminiert, indem $p = 1$ gesetzt wird.[10] Dadurch weiss der Markt, dass der Manager mit Sicherheit ein informatives Signal y erhalten hat, er kennt allerdings nicht die Ausprägung des Signals. Diese Modifikation wandelt das Modell in eine verwandte Version der Modell von Verrecchia (1983) und Korn (2004) um. Verrecchia (1983) analysiert ein Modell, in dem der Markt ebenfalls die Informationsausstattung des Managers mit $p = 1$ kennt und die Veröffentlichung von Informationen mit exogenen und konstanten Kosten verbunden ist, die den Firmenwert reduzieren.[11] Wenn der Manager Informationen zurückhält, weiss der Markt genau, dass der Manager ein unvorteilhaftes Signal empfangen hat, das nicht so vorteilhaft ist, dass es mindestens die zusätzlichen mit der Publizierung verbundenen Kosten deckt. Die Publizitätskosten begründen wiederum einen Schwellenwert und verhindern ein Full Disclosure-Gleichgewicht im Sinne von Grossman (1981) und Milgrom (1981).

Korn (2004) stellt in einem allgemeinen Rahmen die Frage, wie gesetzliche Regulierung und das Risiko von Strafzahlungen den Wahrheitsgehalt frei-

[10] Diese Annahme wird in Abschnitt 4.2.5 wieder aufgehoben.

[11] Im Gegensatz zum vorliegenden Modell, in dem der Kostenterm senkend auf die Zielfunktion des Managers wirkt, reduzieren die konstanten Kosten im Modell von Verrecchia (1983) den Wert der Unternehmung. Da allerdings die Zielfunktion des Managers mit dem Firmenwert übereinstimmt, sind die Auswirkungen analog modellierbar.

williger Publizität beeinflussen. In ihrem Rahmen können Manager mit sehr guten Informationen nicht von Managern mit weniger guten Informationen unterschieden werden, was zu einem Pooling-Bereich in der oberen Region der Verteilungsfunktion führt.[12]

Im vorliegenden Modell betreibt der Manager eine Berichtsverzerrung, die beim Manager persönliche Kosten verursacht. Daher haben die Publizitätskosten k_b keine Auswirkung auf den Wert der Unternehmung, sondern reduzieren nur die Zielfunktion des Managers. Der endogenisierte Kostenterm k_b führt aber zu Unsicherheiten im Modell und erweitert die Interpretationsmöglichkeit bezüglich der Motivation des Managers, Informationen nicht zu publizieren. Der Hauptunterschied zwischen diesem Modell und dem Modell von Verrecchia (1983) besteht darin, dass der Kostenterm, den der Manager im Gleichgewicht wählt, durch dessen Möglichkeit, Informationen zu verzerren, endogenisiert wird. Ausserdem wird im Gegensatz zu Korn (2004) die Frage aufgeworfen, wie eine verzerrte Berichterstattung die Anreize des Managers tangiert, Informationen im Sinne der Eigentümer zu publizieren.

Lemma 2. *Sei $p = 1$ und es herrsche allseitiges Wissen hierüber. Wenn in diesem Fall der Manager ein sehr unvorteilhaftes Signal erhält, das er nicht publiziert, dann profitiert er dennoch von der theoretischen Möglichkeit, Informationen zu verzerren, weil der Preis P^{ND} im Vergleich zum Fall, in dem er wahrheitsgemäss publiziert, steigt.*

Beweis: In einem ersten Schritt muss die Existenz eines eindeutigen Publizitätsgleichgewichts x^* unter Berücksichtigung der Informationsverzerrung des Managers aufgezeigt werden. Wenn $p = 1$ gilt, dann kann die Gleichgewichtsbedingung (4.21) zu

$$F(x^*) = \frac{s \cdot \beta^2}{2 \cdot c},$$

[12] Obwohl im Modell von Verrecchia (1983) kein Pooling-Bereich in der oberen Region der Verteilung ist, sind seine Ergebnisse in Einklang mit den Ergebnissen von Korn (2004), da er den speziellen Fall einer Normalverteilung wählt, in der die obere Grenze gegen $+\infty$ strebt.

umgeformt werden, mit

$$F(x^*) \quad = \quad \frac{\sigma_u^2}{\sigma_y^2}[x^* - \mu_u] + \frac{\sigma_u^2 \cdot g(x^*)}{G(x^*)}, \tag{4.22}$$

wobei $F(x^*)$ positiv, stetig und monoton steigend in x^* ist. Als Grenzwerte stellen sich $\lim_{x^* \to -\infty} F(x^*) \to 0$ und $\lim_{x^* \to +\infty} F(x^*) \to \infty$ ein.[13] Die Eigenschaften implizieren, dass für jeden verzerrten Bericht ein eindeutiger und endlicher Schwellenwert x^* existiert, für den

$$F(x^*) = \frac{s \cdot \beta^2}{2 \cdot c}$$

gilt. Daher existiert ein Pooling-Bereich in der unteren Region des Intervalls, in dem einige Firmen überbewertet sein müssen. Dieser Zusammenhang wird auch in Abbildung 4.4 illustriert. Q.E.D.

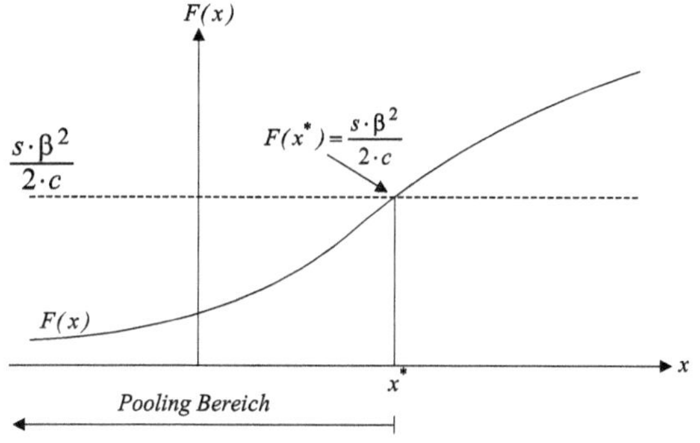

Abbildung 4.4: Illustration der Gleichgewichtsbedingung

Entsprechend Lemma 1 verzerrt der Manager stets den informativen Bericht m und es entstehen Publizitätskosten k_b, die negativ auf seine persönliche Zielfunktion wirken. Der Markt kann allerdings aus einem erhaltenen verzerrten Bericht perfekt auf das tatsächlich erhaltene Signal y rückschliessen

[13] Diese Eigenschaften werden in Verrecchia (1983), S. 189 und zusätzlich in Anhang A aufgezeigt.

und wird deshalb, wenn er einen informativen Bericht m erhält, nur scheinbar durch die Berichtsverzerrung geschädigt. Allerdings beeinträchtigt die Berichtsverzerrung die Preisbildungsfähigkeit des Kapitalmarktes, wenn er einen uninformativen Bericht m^0 beobachtet. Im Gegensatz zum „shooting oneself in the foot"-Modell mit gesetzlicher Publizitätspflicht kann der Manager in diesem Modell von der Möglichkeit, Informationen verzerrt zu publizieren, profitieren, wenn das erhaltene Signal sehr unvorteilhaft ist und deshalb vom Manager nicht publiziert wird. Diese Informationen werden mit vorteilhaften Informationen, die allerdings ebenfalls nicht publiziert werden, gepoolt, und der Kapitalmarkt bildet den Preis P^{ND}. In einem Full Disclosure-Gleichgewicht hätte der Markt pessimistische Beliefs und würde den tiefstmöglichen Preis P^{ND} setzen. Da die Möglichkeit, den Bericht zu verzerren, allerdings zu einem persönlichen Disnutzen für den Manager führt, antizipiert der Markt, dass der Manager all diejenigen Informationen zurückhält, für die der Preis P^{Discl} nicht mindestens den Disnutzen deckt. Es resultiert der gleichgewichtige Schwellenwert x^*, dessen Höhe vom Disnutzenfaktor $\frac{s \cdot \beta^2}{2 \cdot c}$ abhängt. Je höher $\frac{s \cdot \beta^2}{2 \cdot c}$, umso höher liegt der Schwellenwert x^*. Bei einem hohen Schwellenwert x^* wird der Manager mehr relativ unvorteilhafte Informationen zurückhalten, die er veröffentlichen würde, wenn der Disnutzenfaktor $\frac{s \cdot \beta^2}{2 \cdot c}$ geringer wäre. Die Preisbildungsfähigkeit des Marktes sinkt, da sich der Pooling-Bereich nach oben hin verschiebt und dadurch vergrössert und als Folge der Preis P^{ND} steigt. Ein Unternehmen, das die privat beobachteten Informationen nicht publiziert, muss nicht zwangsweise überbewertet sein, da es eventuell aufgrund der Publizitätskosten k_b nicht informativ publiziert. Es steigt allerdings der Bereich innerhalb des Pooling-Intervalls, in dem die Unternehmung überbewertet wird und deshalb von der Berichtsverzerrung profitiert.

Es wurde gezeigt, dass der Schwellenwert von den Kosten, die durch die Berichtsverzerrung entstehen, abhängt. Je grösser die Unsicherheit des Marktes ist, auf die Motive der Manager rückzuschliessen weshalb sie Informationen nicht publizieren, umso höher ist der Schwellenwert x^*. Die Unsicherheit wird dabei vom Disnutzenfaktor $\frac{s \cdot \beta^2}{2 \cdot c}$ gesteuert. Da die mit der Informationsbereitstellung verbundenen Kosten endogenisiert werden, werden zwei Parameter analysiert, die auf $\frac{s \cdot \beta^2}{2 \cdot c}$ einwirken.

4.2.4.1 Einfluss von Rechnungslegungsstandards

In diesem Abschnitt wird der Einfluss von strengeren Rechnungslegungsstandards auf die Informationsausstattung des Marktes und seine Preisbildungsfähigkeit untersucht.

Lemma 3. *Durch strengere Rechnungslegungsstandards wird der Markt mit mehr Informationen versorgt und seine Preisbildungsfähigkeit wird gefördert, wenn der Manager einen uninformativen Bericht publiziert. Sendet der Manager einen informativen Bericht, ist die Preisbildungsfähigkeit des Marktes unabhängig von den Rechnungslegungsstandards. Der Markt kann immer perfekt das vom Manager erhaltene informative Signal antizipieren.*

Beweis: Strengere Rechnungslegungsstandards werden durch ein steigendes c abgebildet. Wenn c steigt, dann sinkt der Disnutzenterm $\frac{s \cdot \beta^2}{2 \cdot c}$ und die Publizitätsgrenze x^* sinkt, wie aus Abbildung 4.4 ersichtlich wird.

Wenn der Gesetzgeber strengere Rechnungslegungsstandards verabschiedet, wird es kostspieliger für den Manager, Informationen verzerrt zu publizieren. Im Gleichgewicht wählt er daher eine geringere Verzerrung, wodurch die Publizitätskosten reduziert werden. Der gleichgewichtige Schwellenwert sinkt, wodurch mehr Informationen publiziert werden. Durch strengere Standards erreicht der Gesetzgeber zwei Ziele in der Publizitätspolitik: Erstens wird der Kapitalmarkt mit mehr Informationen versorgt. Der Schwellenwert sinkt und der Manager veröffentlicht auch unvorteilhaftere Informationen, die er bei weniger strengen Standards nicht publizieren würde. Zweitens wird der Markt mit weniger verzerrten Informationen versorgt. Wenn der Kapitalmarkt einen uninformativen Bericht m^0 publiziert, kann das Unternehmen allerdings noch immer über- oder unterbewertet sein. Es reduziert sich aber der durchschnittliche Bewertungsfehler, der sich durch die Differenz zwischen gleichgewichtigem Preis und Unternehmenswert ergibt. Der Grund ist der, dass die Unsicherheit des Marktes sinkt, wenn der Manager Informationen zurückhält. Es ist zu beachten, dass bei einem informativen Bericht m die Preisbildungsfähigkeit des Marktes unabhängig von der Strenge der Rechnungslegungsstandards ist. Die Preisbildungsfähigkeit verbessert sich aber, wenn ein uninformativer Bericht m^0 publiziert wird.

4.2.4.2 Einfluss von aktienabhängiger Entlohnung

Annahmegemäss liegt der Zeitpunkt t=3 in der sich der Unternehmenswert realisiert, so weit in der Zukunft, dass die Kontrahierung einer erfolgsabhängigen Entlohnungskomponente darauf nicht praktikabel ist. Stattdessen wird der Aktienkurs in t=2 als Grundlage für die Entlohnung herangezogen wird. Dem Manager wird ein Entlohnungsvertrag angeboten, der sich am Preis P orientiert, um so die Interessen der Manager mit denen der Eigentümer in Einklang zu bringen. Im folgenden Abschnitt werden die Auswirkungen dieser aktienbezogenen Entlohnung auf die Publizitätsanreize des Managers untersucht und es wird analysiert, wie die Preisbildungsfähigkeit des Marktes tangiert wird.

Lemma 4. *Wenn die Entlohnung des Managers in starkem Masse aktienabhängig ist, wird der Markt mit relativ wenig freiwillig zu publizierenden Informationen versorgt. Zusätzlich wird die Preisbildungsfähigkeit bei einem hohen Anteil der aktienabhängigen Entlohnungskomponente negativ beeinflusst, wenn kein informativer Bericht publiziert wird. Wird aber ein informativer Bericht publiziert, dann ist die Preisbildungsfähigkeit unabhängig von der erfolgsabhängigen Entlohnungskomponente.*

Beweis: Ein hoher Anteil der aktienabhängigen Entlohnung wird durch ein hohes s abgebildet. Wenn s steigt, dann steigt der Disnutzenterm $\frac{s \cdot \beta^2}{2 \cdot c}$ und die Publizitätsgrenze x^* steigt ebenfalls. Dieser Zusammenhang wird in Abbildung 4.4 sichtbar.

Im Gleichgewicht erhöht eine erfolgsabhängige Entlohnung die Anreize des Managers, Informationen zu verzerren. Im Falle eines informativen Berichts m wird die Preisbildungsfähigkeit des Marktes nicht tangiert, da die Berichtsverzerrung perfekt antizipiert wird. Wenn der Manager dagegen einen uninformativen Bericht m^0 veröffentlicht, wird die Preisbildungsfähigkeit des Marktes durch die Informationsverzerrung negativ beeinträchtigt, da er höhere Publizitätskosten k_b zu tragen hat. In Folge dessen werden weniger Informationen vom Manager veröffentlicht. Der Manager hält vor allem mehr relativ unvorteilhafte Informationen zurück, die er publizieren würde, wenn die Entlohnung weniger stark aktienbasiert wäre.

Obwohl in Lemma 3 und Lemma 4 ein gleichgewichtiger Schwellenwert definiert wird, sind beide Ergebnisse mit den Ergebnissen aus den Modellen von Milgrom (1981) und Grossman (1981) konsistent, in denen die Existenz eines Full Disclosure-Gleichgewichts bewiesen wird. Im vorliegenden Modell entsteht der Schwellenwert durch die Möglichkeit, Informationen zu verzerren bzw. durch die Publizitätskosten k_b. Wenn diese Kosten gleich Null sind, resultiert ebenfalls ein Full Disclosure-Gleichgewicht.

Bisher implizieren die Ergebnisse dieses Kapitels, dass ein gleichgewichtiger Schwellenwert existiert, wenn der Markt mit Sicherheit die Informationsausstattung des Managers kennt und der Manager die Möglichkeit hat, Informationen verzerrt zu publizieren. Wenn der Manager einen informativen Bericht publiziert, wird die Preisbildung des Marktes nicht beeinträchtigt, da er die Berichtsverzerrung des Managers perfekt antizipiert. Obwohl sich der Manager darüber bewusst ist, dass er den Markt nicht in die Irre führen kann, publiziert er den Bericht m nicht wahrheitsgemäss, da er eine wahrheitsgemässe Berichterstattung nicht glaubhaft gegenüber den Investoren machen kann. Die Resultate des vorliegenden Modells zeigen ausserdem auf, dass der Manager hohe Anreize besitzt, Informationen verzerrt zu publizieren, wenn seine Entlohnung stark aktienbasiert ist bzw. ein schwaches Governance Regime herrscht. Wenn der Manager einen uninformativen Bericht publiziert, bewirkt allein die Möglichkeit der Informationsverzerrung, dass die Preisbildungsfähigkeit des Marktes beeinträchtigt wird. Unternehmen mit sehr unvorteilhaften Informationen können deshalb von der Verzerrungsmöglichkeit profitieren, da sie mit relativ vorteilhaften Informationen gepoolt und dadurch überbewertet werden. Aus dem gleichen Grunde werden Unternehmen mit relativ vorteilhaften Informationen unterbewertet, da sie aufgrund der Kosten, die durch die Informationsverzerrung entstehen, keinen informativen Bericht m publizieren.

4.2.5 Komparative Statik bei unsicherem Informationsbesitz

In diesem Abschnitt wird die einschränkende Annahme aufgehoben, dass der Manager mit Sicherheit das Signal y beobachtet hat und es wird stattdessen angenommen, dass $p \in (0, 1)$.[14] Der Markt sieht sich damit einer Unsicherheit bezüglich des Informationsbesitzes des Managers gegenüber. Allerdings kennt der Markt die Wahrscheinlichkeit p, mit der der Manager die Information y beobachtet. Für $p \in (0, 1)$ verwandelt sich das vorliegende Modell in eine Erweiterung der Publizitätsmodelle von Dye (1985) und Jung und Kwon (1988). Sie beweisen die Existenz eines gleichgewichtigen Schwellenwerts, wenn auf Seiten des Marktes Unsicherheit über die Informationsausstattung des Managers existiert. Ihre Modelle unterscheiden sich vom vorliegenden dadurch, dass der Manager dort wahrheitsgemäss berichten muss und deshalb keine Möglichkeit zur Informationsverzerrung hat. Da die Entscheidung zur Informationsverzerrung mit der Publizitätsentscheidung verbunden wird, können im vorliegenden Modell die Auswirkungen von der Berichtsverzerrung auf die Publizitätsanreize des Managers untersucht werden.

Im vorliegenden Modell kann der Markt aus einem informativen Bericht $m = y + b$ mit Sicherheit schliessen, dass der Manager ein informatives Signal y beobachtet hat. Die Wahrscheinlichkeit p hat daher keinen Einfluss auf

[14] Das Modell wird rückwärtsinduktiv gelöst. Daher wird nach besten Antworten für jedes gegebene p gesucht, wodurch p auf dieser Spielstufe als exogener Parameter terminiert ist. p wird allerdings in Abschnitt 4.4 in einen endogenen Parameter überführt.

P^{Discl}, da der Markt seine Erwartungen aktualisiert und für den Fall eines informativen Berichts $p = 1$ setzt. Wenn allerdings der Manager einen uninformativen Bericht m^0 publiziert, gibt es hierfür drei mögliche Gründe, die vom Markt nicht unterschieden werden können:[15] Erstens, falls der Manager kein informatives Signal y beobachtet hat; zweitens, falls er ein sehr unvorteilhaftes Signal beobachtet hat, das er auch dann nicht publizieren würde, wenn keine Kosten mit der Publizität verbunden wären; drittens, falls er ein relativ schlechtes Signal beobachtet hat, das allerdings analog zu Abschnitt 4.2.4 nicht „gut" genug ist, um die mit der Publizität verbunden Kosten k_b zu decken. Der erste Grund ist auf die Unsicherheit des Marktes bezüglich der Informationsausstattung des Managers mit $p \in (0, 1)$ zurückzuführen. Die zwei weiteren Gründe wirken auf das Publizitätsgleichgewicht auf die in Abschnitt 4.2.4 beschriebene Art und Weise ein. Es ist dabei zu beachten, dass im Gleichgewicht auch weiterhin das Ausmass der Verzerrung mit $b^* = \frac{s\beta}{c}$ unabhängig von p ist.

Der Markt bewertet das Unternehmen als beste Antwort auf einen erhaltenen uninformativen Bericht m^0 oder einen informativen Bericht m mit

$$\begin{cases} P^{ND} = \mu_u - \frac{p \cdot \sigma_u^2 \cdot g(x^*)}{1-p+p \cdot G(x^*)} & \text{wenn} \quad \tilde{m} = m^0 \\ P^{Discl} = (1-\beta)\mu_u + \beta(m - b^*) & \text{wenn} \quad \tilde{m} = m. \end{cases}$$

Der Manager muss den Unsicherheits- und den Kosteneffekt bei seiner Publizitätsentscheidung mit berücksichtigen. Beide Effekte wirken simultan und als gegenläufige Kräfte auf die Publizitätsgrenze. Einerseits herrscht Unsicherheit in Bezug auf die Informationsausstattung des Managers, der als Unsicherheitseffekt bezeichnet wird. Da

$$\frac{dP^{ND}}{dp} = -\frac{\sigma_u^2 \cdot g(x)}{[1 - p + p \cdot G(x)]^2} < 0$$

gilt, hat der Unsicherheitseffekt senkende Auswirkungen auf den Preis P^{ND} und dadurch nachfolgend auch auf die Publizitätsgrenze x^*, wodurch der Kapitalmarkt mit mehr Informationen versorgt wird. Wenn p steigt, dann wird für den Manager die Option, ein erhaltenes Signal nicht zu publizieren, weniger attraktiv und P^{ND} sinkt. Intuitiv nimmt der Markt an, dass

[15] Vgl. Abschnitt 4.1, S. 45.

der Manager das Signal y beobachtet hat, dieses allerdings zurückhält. Eine steigende Wahrscheinlichkeit p reduziert die Unsicherheit auf Investorenseite, da Manager nur relativ schlechte Informationen zurückhalten und dadurch die Preisbildungsfähigkeit erhöht wird. Im Nondisclosure-Fall konvergiert der Preis P^{ND} in Richtung des zu diesem Zeitpunkt tatsächlich zu erwartenden wahren Unternehmenswerts.

Der zweite Effekt ist der Kosteneffekt, der durch die Möglichkeit zur verzerrten Berichterstattung hervorgerufen wird und sich erhöhend auf die Publizitätsgrenze auswirkt, wodurch der Markt mit weniger Informationen versorgt wird.

Da der Preis P^{Discl} unabhängig von p ist und der Einfluss von p auf den Preis P^{ND} negativ und konkav ($\frac{d^2P^{ND}}{d^2p} < 0$) ist, bildet der Markt die beste Antwort auf die Wahrscheinlichkeit p entsprechend der Abbildung 4.5. Der Preis P^{ND} überschreitet nie den unbedingten Erwartungswert μ_u und belegt immer die Existenz eines gleichgewichtigen Schwellenwerts, da die Bedingung $E(\tilde{u}|\tilde{y} \leq x)|_{p=1} > \underline{u}$ erfüllt sein muss.

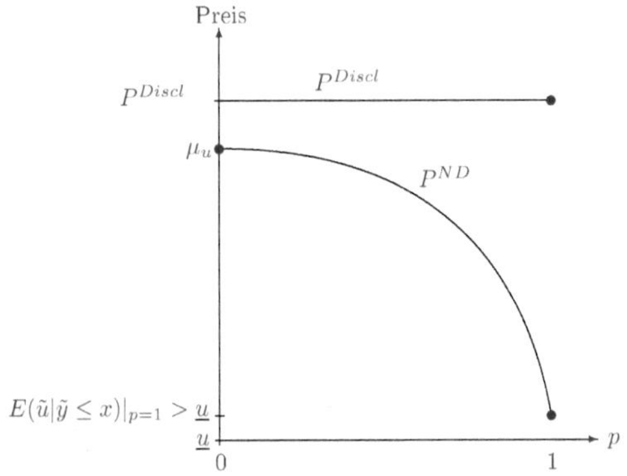

Abbildung 4.5: Beste Antwort des Marktes bei Unsicherheit über die Informationsausstattung

Lemma 5. *Es wird angenommen, dass der Markt nicht über die Informationsausstattung des Managers informiert ist,* $p \in (0, 1)$*: In diesem Fall existiert ein eindeutiger Schwellenwert* $-\infty \leq x^* < \mu_u + 0.5 \cdot b^*$*, indem für alle beobachteten Signale* $y < x^*$ *der Manager einen uninformativen Bericht* m^0 *publiziert und für alle* $y > x^*$ *er einen informativen Bericht* $m = y + b^*$ *veröffentlicht.*

Beweis: Aus der Gleichgewichtsbedingung (4.21)

$$x^* - (\mu_u + 0.5 \cdot b^*) \quad = \quad -\frac{p \cdot \sigma_y^2 \cdot g(x^*)}{1 - p + p \cdot G(x^*)}$$

kann gezeigt werden, dass im Punkt $x^* = -\infty$ die linke Seite negativ ist, die rechte Seite allerdings den Wert Null annimmt. In $x^* \geq \mu_u + 0.5 \cdot b^*$ ist die linke Seite dagegen positiv, allerdings ist die rechte Seite nun streng negativ. Der Beweis, dass $\frac{dx^*}{dp} < 0$ gilt, wird in Anhang B erbracht. Aufgrund dieser Eigenschaften und in Verbindung mit dem Mittelwertsatz ist bewiesen, dass ein eindeutiger Schwellenwert x^* existiert, der die Gleichgewichtsbedingung (4.21) für alle $-\infty \leq x^* < \mu_u + 0.5 \cdot b^*$ erfüllt. Q.E.D.

In Abschnitt 4.2.4 wurde ein Extremfall untersucht, in dem der Markt vollständig über die Informationsausstattung des Managers informiert war ($p = 1$). Für den entgegengesetzten Extremfall, wenn $p \to 0$, vereinfacht sich die Gleichgewichtsbedingung zu $x^* = \mu_u + 0.5 \cdot b^*$. Der Markt weiss, dass das Ausbleiben eines informativen Berichts darauf zurückzuführen ist, dass der Manager kein informatives Signal erhalten hat und nicht auf gegensätzliche Interessen des Managers zurückzuführen ist. Da keine neuen Informationen zu berücksichtigen sind, muss der Markt seine Beliefs nicht aktualisieren und bildet den Preis $P^{ND} = \mu_u$. Der antizipierte Preis $\hat{P}^{ND}$ ist folglich relativ hoch und der Manager würde theoretisch nur sehr vorteilhafte Signale publizieren. In Verbindung mit dem Ergebnis, dass für $p = 1$ der Unsicherheitseffekt verschwindet und der Schwellenwert ausschliesslich durch den Kosteneffekt terminiert wird, wird impliziert, dass der vom Markt gebildete Preis P^{ND} sinkt, wenn der Markt glaubt, dass der Manager ein privates Signal mit einer bestimmten Wahrscheinlichkeit beobachtet hat.

Im Gegensatz zum verwandten Modell von Jung und Kwon (1988) wird der Markt immer mit weniger Informationen versorgt, da der Manager die durch die Berichtsverzerrung verursachten Kosten berücksichtigen muss. Das Ergebnis entspricht wiederum den Ergebnissen von Jung und Kwon (1988), wenn die Rechnungslegungsstandards keinerlei Wahlmöglichkeiten erlauben ($c \to +\infty$). Nur in diesem Fall würde der Manager den Bericht nicht verzerren und die beiden Schwellenwerte wären identisch. Für den Fall, dass der Manager sowohl keine Informationsverzerrung betreibt ($b^* = 0$), als auch keine Unsicherheit über die Informationsausstattung des Managers besteht ($p = 1$), wird ein Full Disclosure-Gleichgewicht unterstützt, wodurch die Analyse konsistent mit den Analysen von Grossman (1981) und Milgrom (1981) ist.[16]

Nachfolgend wird der durch p symbolisierte Unsicherheitseffekt untersucht und es soll aufgezeigt werden, wie die Unsicherheit das Preissetzungsverhalten des Marktes beeinflusst. Zusätzlich werden wiederum die Auswirkungen strengerer Rechnungslegungsstandards und aktienbasierter Entlohnung auf die Publizitätsentscheidung des Managers analysiert.

Lemma 6. *Der Markt wird mit mehr Informationen versorgt, wenn die Unsicherheit bezüglich der Informationsausstattung des Managers steigt.*

Beweis: Es muss bewiesen werden, dass der Schwellenwert x^* sinkt, wenn die Wahrscheinlichkeit p steigt. Die Ableitung der Gleichgewichtsbedingung (4.21) in Bezug auf p führt zu $\frac{dx^*}{dp} < 0$. Die Ableitung findet sich in Anhang B. Q.E.D.

Es kann nun untersucht werden, wie die Anreize des Managers, den Markt mit Informationen zu versorgen, von der Interaktion zwischen Kosteneffekt und Unsicherheitseffekt beeinflusst werden. Da beide Effekte den Schwellenwert tangieren, aber nur der Unsicherheitseffekt von p abhängig ist, sinkt der gleichgewichtige Schwellenwert x^* in Abhängigkeit von p. Der Markt wird in

[16] Diese Aussage ist aus (4.22) in Verbindung mit $\lim_{x \to -\infty} F(x) \to 0$ ersichtlich.

diesem Fall mit mehr Informationen versorgt, wenn die Unsicherheit bezüglich der Informationsausstattung des Managers sinkt. Je wahrscheinlicher es ist, dass der Manager ein informatives Signal y beobachtet hat, umso skeptischer werden die Vermutungen des Marktes bezüglich der Motive des Managers, die Informationen zurückzuhalten. Als Folge sinkt der Schwellenwert x^*, wodurch der Preis P^{ND} ebenfalls sinkt.

Lemma 7. *Strengere Standards führen zu einem Absinken des Schwellenwerts x^*. Dadurch veröffentlicht der Manager unter einem strengen Regime mehr unvorteilhafte Informationen und die Informationsversorgung des Marktes wird verbessert.*

Beweis: Die Ableitung von (4.21) in Bezug auf c führt zu

$$\begin{aligned}\frac{dx^*}{dc} &= -\frac{\frac{b^*}{2c}}{\frac{2\cdot\sigma_y^2\cdot c - s\cdot[\mu_u - P^{ND}]}{2\cdot\sigma_y^2\cdot c}} \\ &= \frac{b^*\cdot\sigma_y^2}{s\cdot[\mu_u - P^{ND}] - 2\cdot c\cdot\sigma_y^2} < 0, \qquad (4.23)\end{aligned}$$

da der Nenner von (4.23) negativ ist, wie in Anhang B.2 bewiesen wird.

Strengere Standards haben in der Gleichgewichtsbedingung (4.21) nur einen Einfluss auf den Kostenterm $0.5\cdot b^*$. Durch strengere Standards wird es für den Manager kostspieliger, Informationen zu verzerren, wodurch er diese Aktivitäten einschränkt, was zu einer Verschiebung des Schwellenwerts nach unten führt.

Lemma 8. *Bei einer stark aktienabhängigen Entlohnung steigt der gleichgewichtige Schwellenwert x^*. Der Manager wird weniger Informationen publizieren und die Wahrscheinlichkeit, dass die Unternehmung überbewertet ist, steigt.*

Beweis: Die Ableitung von (4.21) in Bezug auf s führt zu

$$\frac{dx^*}{ds} = \frac{-\sigma_u^2}{s\cdot[\mu_u - P^{ND}] - 2\cdot c\cdot\sigma_y^2} > 0, \qquad (4.24)$$

da der Nenner von (4.24) negativ ist, wie in Anhang B.2 bewiesen wird.

Wenn der Manager stark aktienabhängig entlohnt wird, dann wird die Preiskomponente innerhalb seiner Entlohnungsfunktion stärker gewichtet und er hat ein starkes Interesse, nur relativ vorteilhafte Informationen zu publizieren. Obwohl der Markt die vom Manager betriebene Informationsverzerrung perfekt antizipieren kann, wählt er aufgrund seines grossen Preisinteresses auch eine starke Verzerrung. Dies führt zu einem hohen durch den Kosteneffekt verursachten Aufschlag und erhöht den Schwellenwert, wodurch der Markt mit weniger Informationen versorgt wird. Ausserdem steigt die Möglichkeit, dass das Unternehmen überbewertet ist, wenn sich die Bewertung auf einem uninformativen Bericht m^0 begründet.

4.3 Interessenkonflikt zwischen Management & Eigentümern

Das Ziel der Eigentümer ist die Maximierung des Preises P. Der Manager dagegen möchte seinen Nutzen U maximieren, der zwar ebenfalls vom Preis P abhängig ist, aber zusätzlich durch die Verzerrung b beeinflusst wird, wodurch dem Manager Kosten entstehen. Daher stellt sich die Frage, ob der Manager immer die richtigen Anreize besitzt im Sinne der Eigentümer zu publizieren. Es kann nämlich der Fall eintreten, dass der Manager bestimmte Informationen zurückhält, weil sein Nutzen durch diese Nondisclosure-Entscheidung maximiert wird, während die Eigentümer für diese Information eine positive Publizitätsentscheidung bevorzugen würden, da sie den Preis P maximieren würde. Wann dieses Intervall existiert, von welchen Faktoren es abhängig ist und welche Massnahmen die Eigentümer ergreifen können, um einen Interessenkonflikt zwischen Management und Eigentümern zu verhindern, ist Inhalt dieses Abschnitts.

Lemma 9. *Die Anreize des Managers, bestimmte Informationen im Sinne der Eigentümer zu publizieren, ist umso geringer, je stärker seine Entlohnung* *aktienbasiert ist. Die Eigentümer befürworten strengere Standards, da sie den Bereich möglicher Signale reduzieren, in denen Manager und Eigentümer unterschiedliche Publizitätsanreize besitzen.*

Beweis: Wenn der Manager ein Signal $y = x^*$ beobachtet, das genau auf dem gleichgewichtigen Schwellenwert liegt, dann ist der Manager indifferent, ob er das Signal publiziert oder zurückhält, da

$$U_{y=x^*}^{ND} \stackrel{!}{=} U_{y=x^*}^{Discl} \tag{4.25}$$

gelten muss. $U_{y=x^*}^{ND}$ bzw. $U_{y=x^*}^{Discl}$ symbolisiert den Nutzen des Managers, wenn das beobachtete Signal y genau auf dem Schwellenwert x^* liegt und der Manager diese Information zurückhält bzw. publiziert. Gleichung (4.25) kann in

$$\hat{P}_{y=x^*}^{Discl} \stackrel{!}{=} \hat{P}_{y=x^*}^{ND} + \frac{s \cdot \beta^2}{2c} \tag{4.26}$$

umgeformt werden. Um Lemma 9 zu veranschaulichen, wird zuerst angenommen, dass der Manager ein informatives Signal erhalten hat, das knapp unterhalb des gleichgewichtigen Schwellenwerts liegt. Gemäss der vorigen Analyse wird der Manager das Signal zurückhalten, da $U_{y<x^*}^{ND} > U_{y<x^*}^{Discl}$ gilt. Allerdings folgt aus der Gleichgewichtsbedingung (4.26), dass eine Veröffentlichung dieses Signals zu $\hat{P}_{y<x^*}^{Discl} > \hat{P}_{y<x^*}^{ND}$ führen würde, wodurch eine Publizierung im Interesse der Eigentümer liegen würde. Die obere Grenze solcher Signale, die einen Interessenkonflikt auslösen, ist terminiert durch den Schwellenwert x^*, während die untere Grenze negativ vom Kostenterm $\frac{s \cdot \beta^2}{2c}$ abhängig ist und durch x_{low} definiert ist.[17] Der Kostenterm wiederum ist positiv abhängig von s und negativ abhängig von c. Q.E.D.

Die Eigentümer haben ein Interesse an einem möglichst hohen Preis P. Daher sollte aus Eigentümersicht der Manager jedes Signal y, das die Bedingung $\hat{P}_y^{Discl} > \hat{P}_y^{ND}$ erfüllt, veröffentlichen. Obwohl die Zielfunktion des Managers

[17] Der Schwellenwert x_{low} terminiert die Grenze, wenn der Manager immer wahrheitsgemäss publizieren würde, wodurch der durch die Verzerrung verursachte Kostenterm gleich Null wäre. x_{low} entspricht daher dem Schwellenwert aus dem Referenzmodell von Jung und Kwon (1988).

vom Preis abhängig ist, berücksichtigt er bei seiner Publizitätsentscheidung den damit verbundenen Kostenterm. Dieser Kostenterm hat ausschliesslich Einfluss auf die Zielfunktion des Managers und beeinflusst die Preisbildung des Marktes in keiner Weise. Daher existieren im Subinterval $y \in (x_{low}, x^*)$ Signale, in denen die Eigentümer interessiert sind, dass der Manager ein beobachtetes Signal y publiziert, da $\hat{P}^{Discl}_{y \in (x_{low}, x^*)} > \hat{P}^{ND}_{y \in (x_{low}, x^*)}$ erfüllt ist.[18] Der Manager hält dieses Signal allerdings zurück und publiziert y^0, da er seine Zielfunktion mit $U^{ND}_{y \in (x_{low}, x^*)} > U^{Discl}_{y \in (x_{low}, x^*)}$ maximiert. Die Grösse dieses Subintervalls wird von zwei Parametern bestimmt. Erstens wird es durch die Kosten k_b terminiert und zweitens durch den Anteil der aktienbezogenen Entlohnung s. Diese beiden Elemente spiegeln sich im Term $\frac{s \cdot \beta^2}{2c}$ der Gleichgewichtsbedingung (4.26) wider. Wenn der Term steigt, dann steigt der Schwellenwert ebenfalls an und der Manager publiziert weniger Informationen. Folglich führt ein steigender Term $\frac{s \cdot \beta^2}{2c}$ dazu, dass das Subintervall, in dem Manager und Eigentümer gegensätzliche Publizitätsanreize besitzen, grösser wird.

Daher vergrössert ein aktienbezogenes Entlohnungssystem, das ursprünglich dazu entwickelt wurde, um die Interessen der Eigentümer und des Managers in Einklang zu bringen, den Bereich, in dem der Manager nicht im Sinne der Eigentümer publiziert, wodurch im Vergleich zur ursprünglichen Absicht genau ein gegenteiliger Effekt eintritt. Obwohl das Ergebnis auf den ersten Blick nicht eingängig erscheint, kann es aus der Tatsache abgeleitet werden, dass der Manager durch eine stark aktienabhängige Entlohnung ein starkes Interesse an einem hohen Preis P hat. Er verzerrt deshalb sehr stark die Informationen und verursacht so hohe Kosten k_b. Da der Markt die Berichtsverzerrung perfekt antizipiert, hat dieses Verhalten allerdings keine Auswirkungen auf den gebildeten Preis. Der Manager wird aber immer die Informationen verzerrt publizieren und muss deshalb immer die hohen Kosten k_b tragen, da es eine beste Antwort auf die Erwartungshaltung des Marktes ist. Durch diese Kosten verschiebt sich die Publizitätsgrenze x^* nach oben, da

[18] Es wird angenommen, dass der Manager im Sinne der Eigentümer publiziert, wenn $y = x_{low}$ und $y = x^*$ gilt.

der Manager nur die Signale publiziert, die mindestens die Kosten k_b decken. Daher müssen sich die Eigentümer bewusst sein, dass eine aktienbezogene Entlohnung die Anreize des Managers, im Sinne der Eigentümer bestimmte Informationen freiwillig zu publizieren, negativ beeinträchtigt.

Auf der anderen Seite verkleinert sich das Subintervall (x_{low}, x^*) wenn der Gesetzgeber ein strengeres Governance-Regime beschliesst, da $\frac{s \cdot \beta^2}{2 \cdot c}$ streng monoton fallend in c ist. Wenn das Intervall (x_{low}, x^*) kleiner wird, dann verkleinert sich der Bereich möglicher Signal, die der Manager nicht im Sinne der Eigentümer publiziert. Dieses Ergebnis folgt aus der Tatsache, dass der Manager bei strengen Standards Informationen kaum verzerrt und daher nur geringe Kosten k_b zu tragen hat, was sich über die Gleichgewichtsbedingung (4.26) direkt auf die Publizitätsanreize auswirkt. Dementsprechend bevorzugt nicht nur der Gesetzgeber strenge Rechnungslegungsstandards (vgl. Lemma 3), sondern auch die Eigentümer, da sie den Bereich, in dem der Manager nicht im Interesse der Eigentümer bestimmte Informationen publiziert, reduziert.

Wenn der Manager einen informativen Bericht m publiziert, dann liegt das erhaltene Signal im Intervall $[x^*, \bar{y} = \infty]$ und die beiden Bedingungen

$$U^{Discl}_{y \geq x^*} > U^{ND}_{y \geq x^*} \text{ und } \hat{P}^{Discl}_{y \geq x^*} > \hat{P}^{ND}_{y \geq x^*}$$

müssen erfüllt sein. Die zweite Ungleichung kann aus der Gleichgewichtsbedingung (4.26) abgeleitet werden. Intuitiv publiziert der Manager nur solche Signale, die zusätzlich die Kosten decken, die aus der Berichtsverzerrung entstehen. Dementsprechend veröffentlicht der Manager jedes Signal y, das im Intervall $y \geq x^*$ liegt, in seinem eigenen und im Interesse der Eigentümer.

Wenn das Signal aus dem unteren Subintervall $y \in [\underline{y} = -\infty, x_{low}]$ stammt, dann haben sowohl Manager als auch die Eigentümer ein Interesse daran, das Signal nicht zu publizieren, da

$$U^{ND}_{y < x_{low}} > U^{Discl}_{y < x_{low}} \text{ und } \hat{P}^{ND}_{y < x_{low}} > \hat{P}^{Discl}_{y < x_{low}}$$

erfüllt ist. Daraus folgt, dass bei jedem Signal, das entweder aus dem unteren Subintervall $[\underline{y} = -\infty, x_{low}]$ oder aus dem oberen Subintervall $[x^*, \bar{y} = \infty]$

stammt, die Berichterstattung des Managers immer im Interesse der Eigentümer ist. Im unteren Subintervall sendet er ein uninformatives Signal und im oberen Subintervall ein informatives Signal. Erhält der Manager allerdings ein Signal, das aus dem mittleren Subintervall stammt, dann ist die vom Manager gewählte Publizitätspolitik nicht im Interesse der Eigentümer, da er das beobachtete Signal nicht an den Kapitalmarkt weiterleitet. Dieses Intervall wird unter strengeren Rechnungslegungsstandards kleiner und vergrössert sich durch eine stärkere aktienbezogenen Entlohnungskomponente. Die beschriebenen Intervalle sind in Abbildung 4.6 abgebildet.

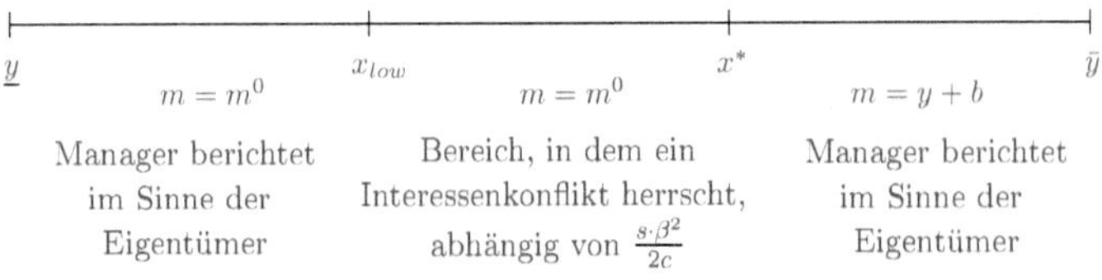

Abbildung 4.6: Intervalle im Gleichgewicht

4.4 Anreize des Managers Informationen zu erhalten

Bisher wurde untersucht, wie strenge Rechnungslegungsstandards und eine aktienbasierte Entlohnung die Publizitätsanreize des Managers tangieren. Zu diesem Zweck wurden die Publizitätsmodelle von Jung und Kwon (1988) mit dem Publizitätsmodell von Fischer und Verrecchia (2000) zusammengeführt. Das Ziel dieses Abschnitts ist es zu ergründen, wie die Möglichkeit zur Informationsverzerrung auf die Anreize des Managers, möglichst alle verfügbaren unternehmenswertrelevanten Informationen zu generieren, wirkt. Um diese Frage beantworten zu können, wird die bisherige Analyse erweitert, indem der Manager zu Beginn von Periode 1, t=1a, die Möglichkeit erhält, die Wahrscheinlichkeit p, mit der er ein privates Signal y beobachtet, durch für ihn kostspieligen Arbeitseinsatz selber zu wählen. Der Manager erhöht dadurch allerdings nicht den erwarteten Wert der Unternehmung, da in diesem Abschnitt nicht die Auswirkungen von produktivem Arbeitseinsatz auf die Publizitätsanreize untersucht werden sollen, sondern er erhöht nur die Wahrscheinlichkeit, ein informatives Signal über den Wert der Unternehmung zu erhalten.[19] Dennoch hat auch ein unproduktiver Arbeitseinsatz Auswirkungen auf den Preis P, da er die Erwartungshaltung des Marktes in Bezug auf die Informationsausstattung und folglich auch auf den Preis verändert.

Um die Anreize des Managers, Informationen zu akquirieren, untersuchen zu können, wird der gleichgewichtige Arbeitseinsatz $e = p^*$ hergeleitet. Es wird angenommen, dass der Arbeitseinsatz des Managers für Eigentümer und den Kapitalmarkt beobachtbar ist. Der Manager muss die mit dem Arbeitseinsatz verbundenen Kosten $k_e(p)$ tragen, die ebenfalls allgemein bekannt sind. $k_e(p)$ wird als streng monoton steigende und konvexe Funktion modelliert. Da p zwischen 0 und 1 begrenzt ist, gilt $k_e'(p) \rightarrow \infty$, da $p \rightarrow 1$ und $k_e(0) = k_e'(0) = 0$.

Lemma 10. *Da der Manager den durch persönlichen Arbeitseinsatz verursachten Preisabschlag auf P^{ND} und die durch die Informationsverzerrung verursachten Kosten antizipiert, hat er kein Interesse, durch persönlichen Arbeitseinsatz zusätzliche Informationen zu generieren. Dieses Ergebnis ist sogar für den Fall gültig, dass der Arbeitseinsatz des Managers kostenlos ist.*

Wenn der Manager in t=1a einen bestimmten Arbeitseinsatz wählt, besitzt er keinen Informationsvorsprung gegenüber den Eigentümern oder dem Kapitalmarkt. Er hat noch kein Signal y empfangen, antizipiert allerdings den Preisbildungsmechanismus des Marktes als Antwort auf die Berichte m oder m^0 wie folgt: Wenn der Manager in t=1c ein uninformatives Signal m^0 veröffentlicht, dann bildet der Markt den Preis P^{ND}. In t=1a antizipiert der Manager, dass der Preis $\hat{P}^{ND}$ mit Wahrscheinlichkeit $1 - p + p \cdot G(x^*)$ ein-

[19] Die Auswirkungen von produktivem Arbeitseinsatz auf die Publizitätsanreize ist Gegenstand der Analyse in Kapital 5.

treten wird.[20] Da auch zu einem späteren Zeitpunkt keine zusätzlichen Informationen eintreten, die den Preis $\hat{P}^{ND}$ beeinflussen, kann der risikoneutrale Manager den erwarteten Nutzen $E(U^{ND})$ für den Fall, dass er m^0 publiziert, perfekt mit

$$E(U^{ND}) = [1 - p + p \cdot G(x^*)] \cdot s \cdot \hat{P}^{ND} \tag{4.27}$$

antizipieren. Publiziert der Manager dagegen einen informativen Bericht m, dann kann der Markt rückschliessen, dass der Manager ein informatives Signal y erhalten hat und der Preis P^{Discl} ist unabhängig vom Arbeitseinsatz p. Allerdings kann der Manager im Zeitpunkt t=1a nur den Erwartungswert des antizipierten Preises $E(\hat{P}^{Discl})$ bilden, da er noch kein Signal y beobachtet hat und daher dessen Ausprägung nicht kennt. Er antizipiert, dass $E(\hat{P}^{Discl})$ mit Wahrscheinlichkeit $p \cdot (1 - G(x^*))$ eintreten wird und antizipiert den erwarteten Nutzen mit

$$\begin{aligned} E(U^{Discl}) &= p \cdot (1 - G(x^*)) \cdot E(U^{Discl}|y > x^*) \\ &= p \cdot (1 - G(x^*)) \cdot \left[s \cdot (\mu_u + \sigma_u^2 \cdot \frac{g(x^*)}{1 - G(x^*)}) - \frac{c \cdot (b^*)^2}{2} \right]. \end{aligned} \tag{4.28}$$

Die Herleitung von (4.28) findet sich in Anhang C.

An dieser Stelle ist es wichtig, die Anreize des Managers zu kennen, um einen bestimmten Arbeitseinsatz zu leisten. Wenn der Manager einen hohen Arbeitseinsatz wählt, dann ist auch die Wahrscheinlichkeit hoch, ein Signal y zu erhalten. Der Arbeitseinsatz hat allerdings keinen Einfluss auf die Ausprägung der Information. Dementsprechend ist ein hoher Arbeitseinsatz wie ein Glücksspiel für den Manager, da er nur hoffen kann, dass er ein vorteilhaftes Signal y beobachtet. Der Erhalt eines vorteilhaften Signals ist allerdings die einzige Möglichkeit für den Manager, einen Preis zu realisieren, der über dem unbedingten Erwartungswert μ_u liegt, da dieser den maximalen Wert des Preises P^{ND} terminiert. Auf der anderen Seite führt ein hoher Arbeitseinsatz dazu, dass P^{ND} sinkt, weil dadurch der Markt annimmt, dass der

[20] Wie sich die Wahrscheinlichkeit $1 - p + p \cdot G(x^*)$ bildet, wird aus Abbildung 4.2 ersichtlich.

Manager mit hoher Wahrscheinlichkeit ein unvorteilhaftes Signal beobachtet hat.

Um den optimalen Arbeitseinsatz zu finden, maximiert der Manager in t=1a seinen erwarteten Nutzen

$$E(U) = E(U^{ND}) + E(U^{Discl}) - k_e(p).$$

Durch Einsetzen von (4.27) und (4.28) in die Zielfunktion und Substitution von $s \cdot \hat{P}^{ND}$ durch (4.14), reduziert sich die Zielfunktion zu

$$E(U) = s \cdot \mu_u - p \cdot [1 - G(x^*)] \cdot \frac{c \cdot (b^*)^2}{2} - k_e(p). \qquad (4.29)$$

Der erste Term auf der rechten Seite repräsentiert den Reservationsnutzen des Managers, wenn er keinen Arbeitseinsatz leistet. Der zweite Term steht für die erwarteten Verzerrungskosten, die der Manager zu tragen hat, wenn er einen bestimmten Arbeitseinsatz p gewählt, das Signal y beobachtet und zusätzlich den Bericht m publiziert hat. Abschliessend beschreibt der dritte Term die Kosten aus dem Arbeitseinsatz.

Im Gleichgewicht wählt der Manager den Arbeitseinsatz p^*, indem er die Bedingung erster Ordnung

$$-\left[[1 - G(x^*)] \cdot \frac{c \cdot (b^*)^2}{2} + k_e'(p^*)\right] \stackrel{!}{=} 0$$

löst. Die Gleichgewichtsbedingung ist nur dann erfüllt, wenn alle Terme in der eckigen Klammer den Wert Null annehmen, da keiner der beiden Term in der eckigen Klammer negativ werden kann. Aufgrund der getroffenen Annahmen bezüglich $k_e(p^*)$ nehmen die Grenzkosten aus dem Arbeitseinsatz $k_e'(p^*)$ nur dann den Wert Null an, wenn $p^* = 0$ ist. Daher hat der Manager nie einen Anreiz, einen kostspieligen Arbeitseinsatz zu leisten, um zusätzliche möglicherweise unternehmenswertrelevante Informationen zu beobachten.

Dieses Ergebnis zeigt auf, dass der Manager keine Anreize besitzt, durch persönlichen Arbeitseinsatz besser informiert zu werden. Dieses Ergebnis hält sogar, wenn der Arbeitseinsatz kostenlos für den Manager ist. Durch einen hohen Arbeitseinsatz p steigt zwar die Wahrscheinlichkeit, dass der Manager ein informatives Signal beobachtet, allerdings wird er dafür nur belohnt, wenn das beobachtete Signal vorteilhaft ist, und er dieses publiziert. Wenn er allerdings einen uninformativen Bericht m^0 publiziert, wird der Manager für einen hohen Arbeitseinsatz sogar bestraft, da der Preis P^{ND} negativ vom Arbeitseinsatz p abhängig ist. Im Erwartungswert zahlt es sich daher für den Manager nicht aus, einen Arbeitseinsatz zu leisten, da er sich zumindest in t=1a durch den Reservationsnutzen besser stellt.

4.5 Einfluss von Insidern im Kapitalmarkt

Die SEC ist zunehmend besorgt über das selektive Publizitätsverhalten unternehmensrelevanter Informationen [vgl. SEC (2000), II.A]. Häufig werden wichtige nichtöffentliche Informationen zuerst nur gegenüber bestimmten Analysten oder ausgewählten institutionellen Investoren publik gemacht, bevor die gleichen Informationen der breiten Öffentlichkeit zugänglich gemacht werden. Die SEC glaubt, dass diese Praxis der selektiven Publikation von Informationen zu einem Vertrauensverlust der Investoren in die Integrität der Kapitalmärkte führt [vgl. SEC (2000), II.A]. Aufgrund dieser Probleme wird nun ein Kapitalmarkt analysiert, der aus zwei unterschiedlichen Investorengruppen besteht. Einerseits besteht er aus „normalen" Investoren oder Outsidern, die ihre Investitionsentscheidungen nur basierend auf öffentlich zugänglichen Informationen treffen. Andererseits besteht der Kapitalmarkt aus Investoren, die über zusätzliche private Informationen verfügen, den so genannten Insidern. Es wird untersucht, wie ein solcher Markt die Anreize des Managers, Informationen verzerrt zu publizieren, beeinflusst, und welche gleichgewichtige Publizitätspolitik der Manager in diesem Fall wählt.

4.5.1 Markt mit zwei Investorengruppen

In der bisherigen Analyse wurde angenommen, dass alle Investoren über exakt die gleichen Informationen verfügen und diese informationseffizient in die Marktpreisbildung einfliessen lassen. In Anbetracht der von der SEC geäusserten Bedenken ist eine vollkommen symmetrische Informationsverteilung zwischen allen Investoren aber unrealistisch, da für gewöhnlich Investoren im Markt vertreten sind, die über Insiderinformationen verfügen.

Um einen solchen Markt zu modellieren, wird angenommen, dass ein bestimmter Anteil der Investoren aus Insidern mit einem Informationsvorsprung besteht. Die Insider können im Gegensatz zu den Outsidern die vom Manager gewählte Verzerrung direkt beobachten. Demzufolge können sie direkt b_i beobachten und mit $y = m - b_i$ direkt auf das vom Manager privat beobachtete Signal y rückschliessen. Wenn der Manager das beobachtete Signal mit $m = y$ wahrheitsgemäss publiziert, dann würden die Insider $b_i = 0$ beobachten.

Publiziert der Manager also den Bericht m, dann besitzen die Insider einen Informationsvorsprung gegenüber normalen Investoren. Wenn der Manager allerdings ein uninformatives Signal y^0 beobachtet oder ein informatives Signal y zwar beobachtet, aber nicht publiziert, dann existiert keine Informationsasymmetrie zwischen Insidern und Outsidern. Der Anteil der Investoren mit Insiderwissen wird mit $q_i \in [0, 1]$ bezeichnet und der Anteil der Investoren ohne Insiderwissen mit $(1 - q_i)$. Zukünftig werden alle verwendeten Parameter in dieser Arbeit mit einem Index i bezeichnet, wenn sie für die Insider stehen und mit einem Index o, wenn sie für die Outsider gelten. Beide Investorengruppen agieren streng rational und nehmen eine bayesianische Erwartungsrevision vor, jeweils basierend auf der zur Verfügung stehenden Informationsmenge. Es wird angenommen, dass der Manager die Gruppenzugehörigkeit bestimmter Investoren nicht zuordnen kann, er allerdings die Wahrscheinlichkeit q_i kennt.

Aufgrund seiner Unsicherheit in Bezug auf die Investoren stellt sich dem Manager im Vergleich zu Abschnitt 4.2 nun ein neues Entscheidungsproblem, in welchem Masse er Informationen verzerrt publizieren soll. Sein Ziel ist weiterhin, seinen erwarteten Nutzen zu maximieren, der nun allerdings nicht nur von den Erwartungen der normalen Investoren abhängt, sondern zusätzlich von den Erwartungen der Investoren mit Insiderwissen. Der Manager agiert wie die Investoren ebenfalls streng rational und schliesst daher die antizipierte Preisbildung beider Investoren in sein Entscheidungskalkül ein. Ausserdem weiss er, dass Insider die Realisationen von b_i direkt beobachten können.

In einem ersten Schritt wird der von beiden Investorengruppen gebildete Preis bei Beobachtung eines uninformativen Berichts m^0 analysiert. In diesem Fall stellt sich für beide Gruppen analog zu (4.5) der Preis

$$P_r^{ND} = \mu_u - \frac{p \cdot \sigma_u^2 \cdot g(x_r)}{1 - p + p \cdot G(x_r)} \text{ mit } r \in \{i, o\}$$

ein. Da im Fall eines uninformativen Berichts m^0 zwischen beiden Investorengruppen Informationssymmetrie herrscht, aktualisieren beide ihre Erwartungen auf die gleiche Art und Weise und bilden beide den Preis P_r^{ND}. Die einzig mögliche Diskrepanz liegt in unterschiedlichen Schwellenwerten x_i und x_o, die jeweils von Insidern und Outsidern antizipiert werden. Für den Fall $x_i = x_o$ würde von beiden Investorengruppen der gleiche Preis $P_i^{ND} = P_o^{ND}$ antizipiert werden.

Im zweiten Schritt wird der von beiden Gruppen gebildete Preis analysiert, wenn sie einen informativen Bericht $m = y + b_i$ beobachten. Die normalen Investoren antizipieren den Preis

$$P_o^{Discl} = \mu_u + \frac{\sigma_u^2}{\sigma_y^2}(m - \mu_u - \hat{b}_i). \tag{4.30}$$

Sie kennen die Anreize des Managers, Informationen zu verzerren und können, obwohl sie die Verzerrung nicht direkt beobachten, diese perfekt antizipieren und den Bericht dadurch perfekt entzerren. Im Gleichgewicht müssen die antizipierte und die tatsächliche Verzerrung übereinstimmen, wodurch die Berichtsverzerrung die Preisbildungsfähigkeit der Investoren nicht beeinträchtigt.

Im Gegensatz dazu können die Insider die Realisation von b_i direkt beobachten. Sie bilden ihre Erwartungen bezüglich des Preises mit

$$P_i^{Discl} = \mu_u + \frac{\sigma_u^2}{\sigma_y^2}(m - \mu_u - b_i). \tag{4.31}$$

Es wird angenommen, dass der Marktpreis

$$P_{\varnothing}^{Discl} = (1 - q_i) \cdot P_o^{Discl} + q_i \cdot P_i^{Discl} \tag{4.32}$$

ein gewichtetes Mittel der von beiden Investorengruppen gebildeten Preisen ist. Der Term $(1 - q_i) \cdot P_o^{Discl}$ steht für den Preis, der von den normalen Investoren gebildet wird, gewichtet mit dem Anteil normaler Investoren im Kapitalmarkt. $q_i \cdot P_i^{Discl}$ steht für den Preis, der von Insidern gebildet wird, gewichtet mit dem Anteil Insidern im Kapitalmarkt.

Im dritten Schritt wird die optimale Berichtsverzerrung, die der Manager wählt, berechnet. Da der Manager nur einen informativen Bericht verzerren kann, muss er seine Nutzenfunktion $U_{\varnothing}^{Discl}$ maximieren, unter Berücksichtigung der Tatsache, dass zwei Gruppen von Investoren im Kapitalmarkt vertreten sind.

$$U_{\varnothing}^{Discl} = s \cdot \hat{P}_{\varnothing}^{Discl} - \frac{c \cdot b_i^2}{2} \tag{4.33}$$

$$= s \cdot \Big[(1 - q_i) \cdot (\mu_u + \frac{\sigma_u^2}{\sigma_y^2}(m - \mu_u - \hat{b}_i)) + q_i \cdot (\mu_u + \frac{\sigma_u^2}{\sigma_y^2}(m - \mu_u - b_i))\Big] - \frac{c \cdot b_i^2}{2} \tag{4.34}$$

$$= s \cdot \Big[(1 - q_i) \cdot (\mu_u + \frac{\sigma_u^2}{\sigma_y^2}(y + b_i - \mu_u - \hat{b}_i)) + q_i \cdot (\mu_u + \frac{\sigma_u^2}{\sigma_y^2}(y - \mu_u))\Big] - \frac{c \cdot b_i^2}{2} \tag{4.35}$$

Der erste Term auf der rechten Seite von (4.33) steht für den vom Manager antizipierten durchschnittlichen Preis, gewichtet mit dem aktienbezogenen Entlohnungsanteil s. Der zweite Term repräsentiert den durch die Informationsverzerrung verursachten Disnutzen. Der Einfluss des Berichts m auf den antizipierten Preis wird aus (4.34) ersichtlich. Der Manager antizipiert, dass zur Preisbildung ein linearer Zusammenhang zwischen dem Bericht m und dem Preis $\hat{P}_o^{Discl}$ besteht ($\hat{P}_o^{Discl} = \hat{\alpha}_o + \hat{\beta}_o \cdot m$). Der erhaltene Bericht m wird als Summe des beobachteten Signals y und der Verzerrung b_i interpretiert, mit $m = y + b_i$, wie in (4.35) beschrieben. Im Gegensatz dazu können Insider direkt auf y rückschliessen, da sie die Realisation der Verzerrung b_i direkt beobachten und nicht auf die antizipierte Verzerrung $\hat{b}_i$ rückschliessen müssen. Deshalb ist der antizipierte Preis abhängig vom beobachteten Signal y mit $\hat{P}_i^{Discl} = \hat{\alpha}_i + \hat{\beta}_i \cdot y$. Wie aus (4.35) ersichtlich, basiert die Preisbildung der Insider auf dem Signal y, da es im Vergleich zum Bericht m genauere Information in Bezug auf den Unternehmenswert darstellt.

Die optimale Berichtsverzerrung ergibt sich daher durch die Maximierungsbedingung erster Ordnung mit

$$\begin{aligned} \underset{b_i^*}{FOC}: (1-q_i)\cdot s\cdot \beta_o - c\cdot b_i &= 0 \\ b_i^* &= \frac{(1-q_i)\cdot s\cdot \beta_o}{c}. \end{aligned} \tag{4.36}$$

Der Manager kann nicht glaubwürdig versichern, wahrheitsgemäss berichtzuerstatten. Daher ist die Verzerrung b_i^* eine beste Antwort auf die Erwartungen des Marktes. Dieses Glaubwürdigkeitsproblem kann durch Insider reduziert werden, wenn diese die Informationsverzerrung des Managers direkt beobachten können. Der Manager nutzt die Insider um das eigene Informationsverzerrungsverhalten zu reduzieren, da er ihnen gegenüber kein Glaubwürdigkeitsproblem hat. Die Tatsache, dass der Manager ein eigenes Interesse hat, wahrheitsgemäss zu publizieren, um die mit der Informationsverzerrung verbundenen Kosten zu vermeiden, liegt diesem Ergebnis zugrunde. Aus der Gleichgewichtsbedingung (4.36) ist ersichtlich, dass der Manager eine maximale Berichtsverzerrung wählt, wenn keine Insider im Markt vertreten sind. Wenn $q_i = 0$ ist, ergibt sich die Verzerrung $b_i^* = \frac{s\cdot\beta_o}{c}$, die dem Ergebnis (4.13) aus der vorangegangenen Analyse entspricht. Im entgegengesetzten Fall $q_i = 1$ wird der Manager wahrheitsgemäss berichterstatten, da nur Insider im Markt vertreten sind. Obwohl der Manager die Informationen verzerrt publizieren könnte, hat er keinen Anreiz dazu, da er ansonsten die Kosten k_b tragen müsste. Den Bericht nicht zu verzerren ist also eine beste Antwort, wenn nur Insider im Kapitalmarkt vertreten wären. Dieser Zusammenhang ist in Abbildung 4.7 graphisch dargestellt.

Besteht der Markt allerdings mit $q_i \in (0,1)$ aus beiden Investorengruppen, dann nutzt der Manager die Insider, um glaubwürdiger gegenüber den normalen Investoren auftreten zu können. Dadurch reduziert sich das vom Markt antizipierte Verzerrungsverhalten. Die normalen Investoren glauben in diesem Fall, dass der Manager eine geringere Verzerrung wählt. Der Manager ist sich bewusst, dass er die durch die Informationsverzerrung zu erwartenden Kosten unabhängig von der Wahrscheinlichkeit $1 - q_i$ zu tragen hat und die tatsächlich gewählte Verzerrung nur die Preisbildungsfunktion der normalen Investoren tangiert. Daher wählt der Manager die Informationsverzerrung so, dass sie eine beste Antwort auf die Erwartungen der normalen Investoren ist.

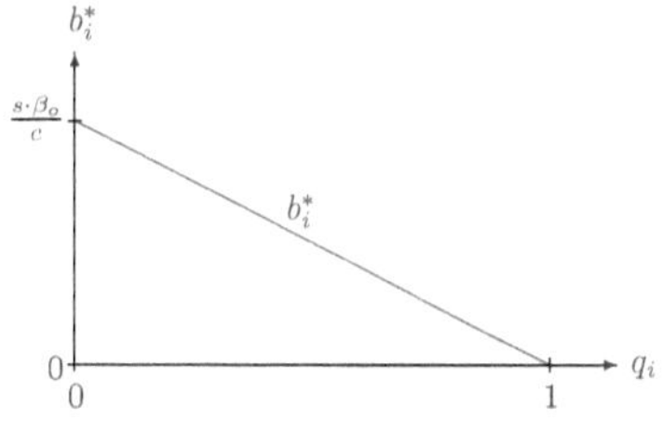

Abbildung 4.7: Gewählte Informationsverzerrung bei zwei Investorengruppen

4.5.2 Publizitätsgleichgewicht bei zwei Investorengruppen

Lemma 11. *Wenn im Kapitalmarkt Investoren mit Insiderinformationen vertreten sind, und die Insider können die gewählte Informationsverzerrung des Managers direkt beobachten, dann existiert immer ein eindeutiges Pu-*

blizitätsgleichgewicht. Durch Insider im Kapitalmarkt sinken die Anreize des Managers, den Bericht verzerrt zu publizieren.

In einem Gleichgewicht muss der Schwellenwert für beide Investorengruppen identisch sein und muss zusätzlich den Manager indifferent stellen, ob er das erhaltene Signal $y = x^*$ publiziert oder nicht. Wie in Abschnitt 4.2 separiert der Schwellenwert den Nondisclosure-Bereich aller privat beobachteten Signale y, die unterhalb von x liegen, vom Disclosure-Bereich für alle Signale, die über x liegen. Der in Abhängigkeit beider Investorengruppen gebildete Nutzen des Managers, wenn er einen uninformativen Bericht m^0 publiziert, ergibt sich mit

$$\begin{aligned} U_\varnothing^{ND} &= s \cdot \hat{P}_\varnothing^{ND} \\ &= s \cdot \left[(1-q_i) \cdot \hat{P}_o^{ND} + q_i \cdot \hat{P}_i^{ND} \right], \end{aligned}$$

und für einen informativen Bericht m mit

$$\begin{aligned} U_\varnothing^{Discl} &= s \cdot \hat{P}_\varnothing^{Discl} - \frac{c \cdot b_i^{*2}}{2} \\ &= s \cdot \left[(1-q_i) \cdot \hat{P}_o^{Discl} + q_i \cdot \hat{P}_i^{Discl} \right] - \frac{c \cdot b_i^{*2}}{2}. \end{aligned}$$

Um den gleichgewichtigen Schwellenwert zu berechnen, müssen die Erwartungen der Manager gegenüber beiden Investorengruppen jeweils separat analysiert werden. Der Manager ist indifferent, ein erhaltenes Signal y zu publizieren oder es zurückzuhalten, wenn es in beiden Fällen den gleichen erwarteten Nutzen generiert. Dann ist die Bedingung

$$U_\varnothing^{ND} = U_\varnothing^{Discl}$$

erfüllt, die in

$$-(1-q_i)\frac{p \cdot \sigma_y^2 \cdot g(x_o)}{1-p+pG(x_o)} - q_i\frac{p \cdot \sigma_y^2 \cdot g(x_i)}{1-p+pG(x_i)} = y - \mu_u - \frac{b_i \cdot (1-q_i)}{2} \quad (4.37)$$

umgeformt werden kann. Die Berechnung von (4.37) ist in Anhang D dargestellt. Wie beschrieben, unterscheiden sich die beiden Terme auf der linken

Seite in den jeweils antizipierten Schwellenwerten x_o und x_i. Sie charakterisieren den antizipierten durchschnittlichen Preisabschlag, den beide Investorengruppen auf den gleichgewichtigen Preis vornehmen und der durch den Unsicherheitseffekt verursacht wird, wenn der Manager keinen informativen Bericht publiziert. Dieser Punkt wird verdeutlicht, indem die linke Seite von (4.37) wie folgt umgeformt wird

$$-(1+\frac{\sigma_\varepsilon^2}{\sigma_u^2}) \cdot \left[(1-q_i)\cdot(\mu_u - \hat{P}_o^{ND}) + q_i \cdot (\mu_u - \hat{P}_i^{ND})\right] = y - \mu_u - \frac{b_i \cdot (1-q_i)}{2}. \quad (4.38)$$

Der antizipierte Preis $\hat{P}_r^{ND}$ mit $r \in \{i, o\}$ repräsentiert den aktualisierten gleichgewichtigen Preis, der zusätzliche Informationen im Vergleich zum unbedingten Erwartungswert μ_u enthält. Die zusätzliche Information ist durch den uninformativen Bericht m^0 charakterisiert. Im Fall eines uninformativen Berichts m^0 preisen die Investoren einen Abschlag auf den unbedingten Erwartungswert ein, indem sie den Erwartungswert $\mu_u - \hat{P}_r^{ND}$ bilden. Dieser Abschlag wird vom Kapitalmarkt vorgenommen, weil der Manager die Option besitzt, Informationen zurückzuhalten. Der Abschlag ist immer positiv ($\mu_u - \hat{P}_r^{ND} > 0$), da $\hat{P}_r^{ND}$ monoton sinkend in p ist, mit einer oberen Grenze $\hat{P}_r^{ND} \to \mu_u$ für $p = 0$. Der Manager antizipiert diesen Abschlag und da er sich zwei Investorengruppen gegenübersieht, muss er den erwarteten durchschnittlichen Preisabschlag berücksichtigen. Der erste Term $(1+\frac{\sigma_\varepsilon^2}{\sigma_u^2}) = \frac{1}{\beta} > 1$ steht für den Kehrwert der Wertrelevanz des beobachteten Signals β im Preisbildungsprozess des Marktes. Je genauer das beobachtete Signal y ist (σ_ε^2 ist tief), umso geringer ist der antizipierte Abschlag des Marktes.

Jedes Signal y, das die Gleichung (4.37) erfüllt, definiert den tatsächlichen vom Manager gewählten Schwellenwert x. Aus Sicht des Managers wird der Schwellenwert wie folgt gewählt:

$$-(1-q_i)\frac{p \cdot \sigma_y^2 \cdot g(x_o)}{1-p+pG(x_o)} - q_i \frac{p \cdot \sigma_y^2 \cdot g(x_i)}{1-p+pG(x_i)} = x - \mu_u - \frac{b_i \cdot (1-q_i)}{2}. \quad (4.39)$$

Der Manager wird jedes Signal, das unter x liegt, zurückhalten, aber jedes Signal, das über x liegt, wird er publizieren.

Die Outsider kennen die Verzerrungsmotive des Managers und interpretieren deshalb einen Bericht m als Summe aus dem tatsächlich vom Manager beobachteten Signal plus der antizipierten Verzerrung ($m = y + \hat{b}_i$). Die normalen Investoren antizipieren, dass der Manager indifferent ist, ein erhaltenes Signal y zu publizieren, wenn

$$y = m - \hat{b}_i = \hat{x}_o \tag{4.40}$$

gilt, mit $\hat{x}_o$ als von den normalen Investoren antizipiertem Schwellenwert.

In einem gleichgewichtigen Schwellenwert müssen die Erwartungen des Managers und die Erwartungen der normalen Investoren übereinstimmen. Daher muss gelten

$$x_o^* = x = \hat{x}_o. \tag{4.41}$$

Im Gleichgewicht muss der Schwellenwert, wie in (4.39) beschrieben, simultan die Erwartungen des Managers in Bezug auf x und, wie in (4.40) beschrieben, mit den Erwartungen des von den normalen Investoren antizipierten Schwellenwerts $\hat{x}_o$ übereinstimmen. Die Gleichgewichtsbedingung (4.41) ist daher erfüllt, wenn

$$\begin{aligned} -(1-q_i) \quad &\cdot \quad \frac{p \cdot \sigma_y^2 \cdot g(x_o^*)}{1-p+pG(x_o^*)} - q_i \cdot \frac{p \cdot \sigma_y^2 \cdot g(x_i^*)}{1-p+pG(x_i^*)} \\ &\stackrel{!}{=} \quad x_o^* - \mu_u - \frac{b_i \cdot (1-q_i)}{2} \end{aligned} \tag{4.42}$$

gilt. Im Gegensatz zu den normalen Investoren können die Insider die tatsächliche Verzerrung b_i beobachten. Dementsprechend antizipieren sie, dass der Manager indifferent ist, ob er ein beobachtetes Signal publiziert oder nicht, wenn gilt

$$y = m - b_i = \hat{x}_i. \tag{4.43}$$

In einem gleichgewichtigen Schwellenwert müssen die Erwartungen des Managers und diejenigen der Insider durch

$$x_i^* = x = \hat{x}_i \tag{4.44}$$

erfüllt sein. Die Gleichgewichtsbedingung (4.44) muss simultan die Erwartungen des Managers in Bezug auf den tatsächlich gewählten Schwellenwert x und die Erwartungen der Insider über den antizipierten Schwellenwert $\hat{x}_i$ erfüllen. Die Gleichgewichtsbedingung ist erfüllt, wenn

$$\begin{aligned} -(1-q_i) \quad \cdot \quad & \frac{p \cdot \sigma_y^2 \cdot g(x_o^*)}{1-p+pG(x_o^*)} - q_i \cdot \frac{p \cdot \sigma_y^2 \cdot g(x_i^*)}{1-p+pG(x_i^*)} \\ & \overset{!}{=} x_i^* - \mu_u - \frac{b_i \cdot (1-q_i)}{2} \end{aligned} \tag{4.45}$$

gilt. In einem Marktgleichgewicht müssen beide Bedingungen, sowohl die Gleichgewichtsbedingung in Bezug auf die normalen Investoren als auch die Gleichgewichtsbedingung für die Insider, erfüllt sein. Nur in diesem Fall hat der Manager für jedes Signal $y \in [\underline{y}, \bar{y}]$ eine eindeutige Publizitätsrichtlinie, ob er das erhaltene Signal publiziert oder nicht.

Subtrahierung der Gleichgewichtsbedingung (4.45) von (4.42) ergibt

$$x^* = x_o^* = x_i^*. \tag{4.46}$$

Das Ergebnis (4.46) macht deutlich, dass beide Investorengruppen immer den gleichen Schwellenwert antizipieren. Für jedes Signal y teilen sie daher die gleichen Erwartungen, ob der Manager ein Signal y veröffentlichen oder zurückhalten wird. Daher ist das Problem, dass der Manager nur ein Signal an zwei Investorengruppen senden kann, überwunden. Beide Gruppen aktualisieren ihre Erwartungen auf die gleiche Art und Weise und es existiert ein eindeutiger Schwellenwert x^*.

Obwohl die normalen Investoren die Verzerrung nicht direkt beobachten können, können sie die Verzerrung perfekt aus dem Bericht m herausrechnen, da die antizipierte Verzerrung $\hat{b}_i$ der tatsächlichen Verzerrung b_i genau entspricht. Deshalb haben die Insider nur einen scheinbaren Informationsvorsprung. Der Manager nutzt die Insider allerdings dazu, um die Informationsverzerrung glaubhaft zu reduzieren. Wenn nur Insider im Markt vertreten sind, wird der Manager sogar wahrheitsgemäss mit $m = y$ publizieren, da eine wahrheitsgemässe Berichterstattung die beste Antwort auf die Erwartungshaltung der Insider ist. Verglichen mit dem Fall ohne Insider im Markt erhöht der Manager seinen erwarteten Nutzen, da er keine Kosten, die ihm durch die Informationsverzerrung entstehen, zu tragen hat. Daher haben in diesem Fall Insider sogar die positive Wirkung, dass sie die Verzerrungsanreize des Managers reduzieren. Die Eingangs erwähnte Sorge der SEC, dass die selektive Publikation von Informationen zu einem Vertrauensverlust der Investoren in die Integrität der Kapitalmärkte führt, ist zwar sicherlich berechtigt, allerdings sollte auch der im vorliegenden Modellrahmen entstehende positive Effekt, der von den Insidern ausgeht, mit in die Diskussion einbezogen werden.

Die reduzierte Verzerrung b_i hat ausserdem positive Auswirkungen auf das Publizitätsverhalten des Managers. Da die gleichgewichtige Verzerrung b_i^* unterhalb der gleichgewichtigen Verzerrung b^* aus Abschnitt 4.2.1 ist, reduzieren sich die damit verbundenen Kosten k_{b_i}. Der Kosteneffekt nimmt ab, wodurch sich der gleichgewichtige Schwellenwert nach unten verschiebt. Daher publiziert der Manager mehr Informationen, wenn der Kapitalmarkt aus normalen Investoren und Insidern besteht im Vergleich zu einem Markt, der ausschliesslich aus normalen Investoren besteht.

4.6 Zusammenfassung

Im vorliegenden freiwilligen Publizitätsmodell wird die Motivation von Managern ergründet, bestimmte Informationen freiwillig zu publizieren oder zurückzuhalten. Vor dem Hintergrund der geltenden Governance Richtlinien werden insbesondere die Anreizwirkungen vermehrter und detaillierterer Publizitätspflichten und persönlicher Sanktionierungen der obersten Leitungsorgane auf die Anreizstruktur der Manager untersucht und der Zusammenhang zwischen Bilanz- und Publizitätspolitik von Managern aufgezeigt. Da aktienbezogene Entlohnungssysteme ein charakteristisches Merkmal der Ökonomie insbesondere zur Zeit des Internetbooms vor wenigen Jahren waren, nehmen sie den zweiten Untersuchungsschwerpunkt ein.

Es werden auf der einen Seite Ergebnisse in Bezug auf die Beziehung zwischen Geschäftsleitung und dem Kapitalmarkt hergeleitet, indem das Spannungsfeld zwischen Informationsverzerrungsanreizen der Manager und einer möglichst guten Informationsversorgung des Kapitalmarkts analysiert wird. Auf der anderen Seite wird aufgezeigt, wie durch aktienbasierte Entlohnung ein Interessenkonflikt in der Beziehung zwischen Eigentümern und Geschäftsleitung entstehen kann.

In Bezug auf die Beziehung zwischen Geschäftsleitung und Kapitalmarkt wird gezeigt, dass strengere Standards Manager tatsächlich motivieren, wahrheitsgemässer zu publizieren, auch wenn die Informationsverzerrungsanreize nur reduziert werden und nicht gänzlich verschwinden. Der Grund ist darin zu suchen, dass Manager durch die erhöhten Transparenzanforderungen bei Fehlverhalten ein höheres Risiko und folglich höhere Kosten zu tragen hat, wodurch sie im Gleichgewicht eine reduzierte Informationsverzerrung wählen. Zusätzlich wird gezeigt, dass strengere Standards dazu führen, dass Manager auch relativ schlechte Informationen veröffentlichen, was die Informationsversorgung des Marktes verbessert und die Informationsasymmetrie zwischen Managern und dem Kapitalmarkt reduziert.

Ein weiteres Ergebnis zeigt auf, dass durch eine stark aktienbezogene Entlohnung der ungewollte Effekt auftritt, dass die Informationsverzerrungsanreize der Manager erhöht werden. Zusätzlich werden nur relativ gute Informationen veröffentlicht, da mit den stärkeren Verzerrungsanreizen auch höhere Kosten für die Manager verbunden sind. Wenn der Manager ein beobachtetes informatives Signal publiziert, ist bei stark aktienbezogener Entlohnung und der damit verbunden Verzerrung die Preisbildungsfähigkeit der Investoren eingeschränkt.

In Bezug auf die Anreize der Manager, unternehmenswertrelevante Informationen zu generieren, bevorzugen sie es unwissend zu bleiben und keine weiteren Informationen zu erlangen. Dies liegt daran, dass die Manager den negativen Einfluss auf den Aktienpreis antizipieren, wenn sie einen hohen Arbeitseinsatz leisten und zusätzliche Informationen erlangen, diese aber nicht publizieren. Sogar wenn der Arbeitseinsatz kostenlos ist, haben Manager keine Anreize, zusätzliche aber möglicherweise unvorteilhafte Informationen zu generieren.

Besteht der Kapitalmarkt zumindest aus einigen Investoren, die über Insiderinformationen verfügen, weil sie die gewählte Berichtsverzerrung der Manager direkt beobachten können, dann ergibt sich ein überraschendes Ergebnis. Durch die Insider reduzieren sich die Anreize der Manager, Informationen verzerrt zu publizieren. Daher erhöht sich die Transparenz der freiwilligen Finanzberichterstattung, wenn besser informierte Investoren im Markt vertreten sind.

Kapitel 5

Gesetzliches Publizitätsverhalten von Managern

In Kapitel 4 wurde bereits untersucht, inwiefern eine aktienbasierte Entlohnung die Anreize von Managern beeinflusst, freiwillig zu publizierende Informationen zurückzuhalten oder zu verzerren. Die explizite Ausgestaltung eines optimalen Agency-Vertrags in einem gesetzlichen Publizitätsrahmen wurde bisher nicht untersucht, und soll daher Gegenstand der Analyse dieses Kapitels sein. Primäres Ziel von aktienbezogenen Entlohnungssystemen ist es, die Interessen von Managern und Eigentümern in Einklang zu bringen. Allerdings weisen empirische Studien nach, dass ein aktienbezogenes Entlohnungssystem die Earnings Management-Anreize der Manager erhöht, um so die eigene Entlohnung auf Kosten der Eigentümer zu steigern [vgl. DeFusco u. a. (1990)].[1] Zusätzlich zu dieser Kritik von wissenschaftlicher Seite gerieten erfolgsabhängige Entlohnungssysteme auch durch die bekannten Bilanzskandale in die Kritik. Durch die Skandale entstand der Eindruck, dass die Finanzberichterstattung nur bedingt glaubwürdig ist, wenn in der Unternehmung eine Kultur der Fixierung auf den Aktienkurs vorherrscht [vgl.

[1] Der Begriff Earnings Management wird in dieser Arbeit nur im Zusammenhang mit gesetzlich zu publizierenden Informationen verwendet [vgl. Kapitel 5]. Innerhalb eines freiwilligen Publizitätsumfeldes wird das Verzerrungsverhalten des Managers als „Berichts- oder Informationsverzerrung" bezeichnet [vgl. Kapitel 4].

Goldman und Slezak (2005), S. 2]. Um das verloren gegangene Vertrauen der Anleger wiederherzustellen, verabschiedete der amerikanische Kongress im Jahre 2002 den Sarbanes-Oxley Act, der häufigere und detailliertere Veröffentlichungspflichten, verbunden mit höheren Strafen bei Fehlverhalten, festschreibt. Die Auswirkungen dieses Gesetzes stehen im Zentrum der analytischen Modellierung dieses Kapitels. Dazu wird die optimale Ausgestaltung eines gleichgewichtigen aktienbezogenen Entlohnungsvertrags unter Berücksichtigung des Earnings Management-Verhaltens von Managern analysiert. Dieser Vertrag soll daher im Gegensatz zu den Standard Prinzipal-Agenten Modellen[2] nicht nur einen möglichst hohen produktiven Arbeitseinsatz der Manager induzieren, sondern auch mögliche Manipulationsanreize der Manager mit berücksichtigen.

Analog zu den Standard Agency-Modellen sei der Arbeitseinsatz des repräsentativen Managers unbeobachtbar und die aktienbezogene Entlohnung orientiert sich am Aktienpreis der Unternehmung. Der Manager beeinflusst den Aktienpreis im vorliegenden Modell allerdings nicht nur durch eigenen Arbeitseinsatz, sondern er hat zusätzlich die Möglichkeit, durch Earnings Management die Finanzberichterstattung zu manipulieren. Daher terminiert sich ein optimaler Entlohnungskontrakt nicht mehr ausschliesslich aus dem Tradeoff zwischen dem positiven Nutzen des Arbeitseinsatzes und den hierdurch verbundenen Kosten, sondern berücksichtigt ebenfalls die Möglichkeit des Managers zur Bilanzpolitik. Zusätzlich verursacht das Earnings Management-Verhalten im Gegensatz zur Analyse von Kapitel 4 nicht mehr ausschliesslich persönliche Kosten, die vom Manager zu tragen sind, sondern es reduziert auch den Unternehmenswert der Unternehmung, da Ressourcen suboptimal eingesetzt werden. Durch diese Modellierung wird die gegenläufige Wirkung von persönlichen und unternehmensbezogenen Strafen auf die sogenannte Pay Performance-Sensitivität aufgezeigt. Ein gleichgewichtiger Entlohnungsvertrag muss daher ebenfalls Manipulationsfehlanreize mit berücksichtigen, die aus einer starken aktienbezogenen Entlohnung resultieren. Durch dieses Setting ist es möglich, regulatorische Änderungen, die durch die Verabschie-

[2] Vgl. hierzu Holmström (1979) oder Schiller (2000), S. 48ff.

dung des Sarbanes-Oxley Act entstanden sind, auf mögliche Fehlanreize hin zu analysieren und zu bewerten.

5.1 Modellbeschreibung

Es wird ein vollständig eigenkapitalfinanziertes Unternehmen betrachtet, das über eine unbestimmte Zeitdauer operativ tätig ist. Analysiert wird eine dreiperiodige Prinzipal-Agenten Beziehung zwischen Unternehmenseignern (Prinzipal) und einem Manager (Agenten), sowie die daraus resultierende Publizitätspolitik des Managers.[3] Zum Zeitpunkt t=0 stellen die Unternehmenseigner den Manager ein. Der Manager soll das operative Geschäft leiten und die Eigentümer legen dessen Entlohnungsvertrag fest. Zu Beginn von Periode 1 wird der Manager operativ tätig und steigert durch seinen Arbeitseinsatz den Wert der Unternehmung und damit indirekt den Marktpreis P. Kurz vor Ende der Periode 1 erlangt der Manager Insiderwissen über den noch nicht publizierten Jahresgewinn der Unternehmung, d.h. er beobachtet ein Signal y_1. Bei der nachfolgenden Aufstellung des Jahresabschlusses muss der Manager den beobachteten Gewinn allerdings nicht wahrheitsgemäss im Jahresabschluss wiedergeben, sondern er hat die Möglichkeit, Bilanzpolitik zu betreiben, indem er verfügbare Bilanzierungswahlrechte in seinem Sinne ausnutzt. Dies kann dazu führen, dass die Finanzberichterstattung nur ein eingeschränkt transparentes Abbild der ökonomischen Lage der Unternehmung widerspiegelt. Basierend auf dem veröffentlichten Jahresabschluss nimmt der Kapitalmarkt zum Zeitpunkt t=2 eine Neubewertung der Unternehmung vor, die sich im Aktienpreis widerspiegelt. Zum Zeitpunkt t=3 realisiert sich der Bruttowert der Unternehmung, der erst zu diesem späten Zeitpunkt für alle Marktteilnehmer (Manager, Eigentümer und Kapitalmarkt) beobachtbar ist und daher zur Kontrahierung des Managers ungeeignet ist. Die Details jeder Periode werden nachfolgend entsprechend dem Zeitstrahl in Abbildung 5.1

[3] Es wird davon ausgegangen, dass kein Interessenkonflikt zwischen den einzelnen Eigentümern besteht. Alternativ könnte auch von einem einzigen Eigentümer ausgegangen werden.

beschrieben.

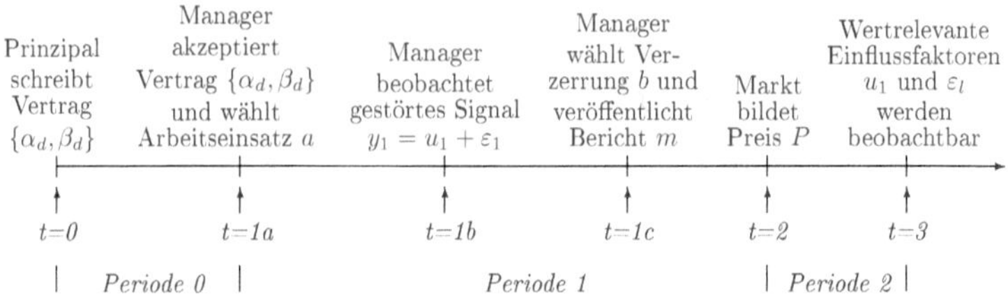

Abbildung 5.1: Zeitstrahl

Im Zeitpunkt t=0 setzen die Eigentümer einen Entlohnungsvertrag d fest und stellen zu diesen Gehaltskonditionen einen Manager ein. Der Vertrag besteht aus einer fixen und einer variablen Gehaltskomponente in der Form

$$d(P) \quad = \quad \alpha_d + \beta_d \cdot P,$$

mit $\alpha_d > 0$ und $\beta_d > 0$. Die fixe Gehaltskomponente α_d ist unabhängig von der Wertentwicklung der Unternehmung. Ausserdem enthält der Vertrag eine positive erfolgs-, weil aktienbasierte Komponente β_d, durch die der Manager Anreize erhalten soll, im Sinne der Eigentümer unternehmerisch tätig zu werden und den Shareholder Value zu maximieren. β_d steht für die so genannte Pay Performance-Sensitivität, die die Änderung des Vermögens des Managers mit der Änderung des Vermögens der Unternehmenseigner in Verbindung bringt. Ein hohes β_d signalisiert eine starke Übereinstimmung der Interessen der Manager mit denen der Eigentümer [vgl. Jensen und Murphy (1990), S. 227]. Ausserdem soll durch diese Form der Entlohnung die Risikobereitschaft des Managers eingeschränkt werden, da er im Gegensatz zur Entlohnung mit Aktienoptionen auch das so genannte Downside Risk trägt. Dadurch wird der Manager sowohl am Erfolg als auch am Misserfolg beteiligt. Um das Modell möglichst einfach zu halten, ist der Vertrag linear im Aktienkurs P. Der Erfolg des Managers bemisst sich an den Erwartungen des Marktes bezüglich des Unternehmenswerts am Ende von Periode 1, die durch den Aktienpreis P abgebildet werden. Eine genaue Charakterisierung des Preises P wird in Abschnitt 5.2 vorgenommen.

Nachdem der Manager den Vertrag akzeptiert hat, wählt er zu Beginn von Periode 1, t=1a, seinen persönlichen unternehmenswertsteigernden Arbeitseinsatz a,[4] der direkt weder von den Eigentümern noch vom Markt beobachtbar ist. Der Arbeitseinsatz hat direkten Einfluss auf den Bruttowert u_B der Unternehmung am Ende der Periode 1, gemäss

$$\tilde{u}_B = \gamma \cdot a + \tilde{u}_1 + \tilde{\varepsilon}_l,$$

mit $\gamma > 0$ als Produktivitätsfaktor des Arbeitseinsatzes und den beiden unabhängigen Zufallsvariablen $\tilde{u}_1$ sowie $\tilde{\varepsilon}_l$, die beide erst im Zeitpunkt t=3 realisiert werden. Die Zufallsvariable $\tilde{u}_1 \sim N(\mu_{u_1} > 0, \sigma^2_{u_1})$ steht für alle externen Einflussfaktoren auf den Bruttowert u_B, die aber nicht vom Manager kontrolliert oder beeinflusst werden können.[5] Die Zufallsvariable $\tilde{\varepsilon}_l \sim N(0, \sigma^2_{\varepsilon_l})$ steht für die eingangs erwähnte langfristige Komponente, die zwar Einfluss auf den Bruttowert der Unternehmung hat, aber für alle Marktteilnehmer (Manager, Eigentümer und Markt) erst im Zeitpunkt t=2 beobachtbar ist und daher eingepreist werden kann. Dieser Zeitpunkt liegt annahmegemäss so weit in der Zukunft, dass es zwar theoretisch möglich, aber nicht praktikabel wäre, einen Vertrag auf den realisierten Endwert der Unternehmung zu schreiben. Daher orientiert sich die erfolgsabhängige Komponente des Vertrags am Aktienkurs P, der sich am Ende von Periode 1 einstellt, obwohl dieser Vertrag eine höhere Unsicherheit beinhaltet, da $\tilde{\varepsilon}_l$ noch nicht realisiert ist. Aufgrund dieser Argumentation kennt der Manager bei der Wahl seines Arbeitseinsatzes a weder die Realisation von $\tilde{u}_1$, noch die von $\tilde{\varepsilon}_l$. Dagegen sind die Parameter γ, μ_{u_1}, $\sigma^2_{u_1}$ und $\sigma^2_{\varepsilon_1}$ allgemein bekannt.

Ziel des Managers ist es, seine persönliche Nutzenfunktion

$$E(U^M(\alpha_d, \beta_d, a)) = E(\alpha_d, \beta_d, a|\Omega_t^M) - \frac{\rho}{2} \cdot var(\alpha_d, \beta_d, a|\Omega_t^M) - (k_a + k_b) \quad (5.1)$$

zu maximieren, wobei Ω_t^M die Informationsmenge des Managers zum Zeitpunkt t bezeichnet. $E(\alpha_d, \beta_d, a|\Omega_1^M)$ gibt die erwartete Lohnzahlung des Ma-

[4] Im Gegensatz zum unproduktiven Arbeitseinsatz e aus Kapitel 4, bezeichnet a einen produktiven Arbeitseinsatz.

[5] Alternativ könnte angenommen werden, dass sich das Signal $\tilde{u}_1$ in t=2 realisiert, die Realisation allerdings weder vom Manager, Eigentümern oder dem Kapitalmarkt beobachtbar ist.

nagers konditioniert auf die Informationsmenge Ω_t^M an, und $var(\alpha_d, \beta_d, a|\Omega_t^M)$ bezeichnet die Varianz der Entlohnung konditioniert auf Ω_t^M. Diese beiden Terme repräsentieren den erwarteten Nutzen des Managers aus der risikobehafteten Entlohnung am Ende von Periode 1, reduziert um die Unsicherheit, die mit den Erwartungen verbunden ist, und mit ρ als Koeffizient für die absolute Risikoaversion des Managers. Der dritte Term steht für den persönlich vom Manager zu tragenden Disnutzen, der negativ in seine Nutzenfunktion eingeht. Einerseits muss der Manager den persönlichen Disnutzen

$$k_a = \frac{c_a \cdot a^2}{2},$$

der durch seinen Arbeitseinsatz a entsteht und als Arbeitsleid interpretiert werden kann, tragen. Der Disnutzen ist positiv abhängig von der Rate c_a, die den Grenzdisnutzen des Arbeitseinsatzes a repräsentiert. Ausserdem hat der Manager eine mögliche Strafzahlung k_b zu berücksichtigen.[6]

Im Rechnungswesen der Unternehmung werden die Geschäftsvorgänge entsprechend den geltenden Rechnungslegungsstandards gesammelt und verbucht, und es liefert die Informationen, die zur Berechnung des Unternehmensgewinns benötigt werden. Der Manager ist operativ tätig und kann deshalb diese Informationen in t=1b, also schon vor Veröffentlichung des Jahresabschlusses, erhalten. Dadurch erlangt der Manager einen Informationsvorsprung gegenüber dem Kapitalmarkt und den Eigentümern. Der Kapitalmarkt ist sich dieser Informationsasymmetrie bewusst, kann seinerseits die Ausprägung der Information aber nicht beobachten. Die Information wird modelliert durch ein erwartungstreues Signal $\tilde{y_1}$ über die unternehmenswertrelevanten externen Umwelteinflüsse $\tilde{u}_1$. Es gilt

$$\tilde{y_1} = \tilde{u}_1 + \tilde{\varepsilon}_1,$$

wobei der Störterm $\tilde{\varepsilon}_1$ normalverteilt ist, mit Erwartungswert 0 und Varianz $\sigma^2_{\varepsilon_1}$. Durch das Signal y_1 kann der Manager den Bruttowert u_B erwartungstreu antizipieren, da er den Arbeitseinsatz a direkt beeinflussen kann und der Erwartungswert der Störterme $\tilde{\varepsilon}_1$ und $\tilde{\varepsilon}_l$ jeweils 0 ist. Die Genauigkeit des

[6] Die Zusammensetzung dieser Strafzahlung wird auf S. 96 detailliert erläutert.

Signals y_1 hängt allerdings vom Störterm $\tilde{\varepsilon}_1$ ab. Daher kann die Varianz $\sigma^2_{\varepsilon_1}$ als Mass für die Qualität der Rechnungslegung interpretiert werden. Ist die Varianz $\sigma^2_{\varepsilon_1}$ sehr klein, dann ist die Qualität der Daten aus der Rechnungslegung hoch, da das Signal y_1 nur eine geringe erwartete Abweichung von der Realisation von u_1 hat. Im gegenteiligen Fall, wenn die Varianz $\sigma^2_{\varepsilon_1}$ hoch ist, dann ist die Qualität der Daten schlecht und sie können nur bedingt für Entscheidungs- und Bewertungszwecke herangezogen werden. Alternativ kann $\sigma^2_{\varepsilon_1}$ auch als erworbene Reputation des Rechnungslegungssystems interpretiert werden, die sich aus der Güte der veröffentlichten Informationen in der Vergangenheit ergibt. Wurden beispielsweise in der Vergangenheit Abschlüsse nachträglich korrigiert, so wirkt sich dies negativ auf die Glaubwürdigkeit des Rechnungslegungssystems aus und muss nicht nur auf die Bilanzpolitik des Managers zurückzuführen sein. Es kann auch an der mangelnden organisatorischen Ausgestaltung des Rechnungslegungssystems liegen, das unternehmensinterne Daten unvollständig erfasst oder falsch aufbereitet und dadurch zu bewussten oder unbewussten Verstössen gegen die Regeln der Rechnungslegung im Bereich von Bilanz, GuV oder anderer Berichtsinstrumente führt [vgl. Ballwieser und Dobler (2003), S. 449].

Am Ende von Periode 1, t=1c, ist der Manager gesetzlich verpflichtet, einen Bericht m über den erzielten Jahresgewinn zu publizieren. Er kann das erhaltene Gewinnsignal y_1 wahrheitsgemäss im Jahresabschluss publizieren, ist aber nicht dazu verpflichtet. Wenn der Manager das Signal wahrheitsgemäss publiziert, dann berichtet er den Bericht

$$m = \gamma \cdot a + y_1.$$

Der Manager hat aber auch die Möglichkeit, Bilanzpolitik zu betreiben, wodurch der Bericht m von der Insiderinformation y_1 abweicht und der Manager in diesem Fall den Bericht

$$m = \gamma \cdot a + y_1 + b \tag{5.2}$$

publiziert. b repräsentiert die vom Manager gewählte Verzerrung im Finanzbericht m und kann als Earnings Management-Verhalten entsprechend Abschnitt 2.2.1 interpretiert werden. Es definiert die Differenz zwischen der zu diesem Zeitpunkt aussagekräftigsten ökonomischen Gewinngrösse y_1 und dem Bericht m. Es ist zu beachten, dass die Verzerrung positiv, negativ oder Null sein kann. Im ersten Fall überhöht der Manager den Bericht und im zweiten Fall untertreibt er das Gewinnziel. Im dritten Fall betreibt er kein Earnings Management und der Bericht m ist identisch mit dem beobachteten Signal y_1.

Wenn der Manager den Bericht m manipuliert, dann wird davon ausgegangen, dass Ressourcen innerhalb der Unternehmung von der produktivsten Verwendung abgezogen werden müssen und dadurch aus Sicht der Unternehmung suboptimal eingesetzt werden. Deshalb verursacht Earnings Management Opportunitätskosten, die den Bruttowert der Unternehmung senken. Per Annahme besteht ein linearer Zusammenhang zwischen diesen Kosten und dem Ausmass der Verzerrung. Wählt der Manager die Verzerrung b, dann fällt der Bruttowert der Unternehmung um $\psi \cdot b$ auf den Bruttoendwert

$$\tilde{u} = \gamma \cdot a + \tilde{u}_1 + \tilde{\varepsilon}_l - \psi \cdot b, \tag{5.3}$$

mit $\psi > 0$ als den Grenzkosten aus dem Ressourceneinsatz. Die Kosten des Ressourceneinsatzes sind beispielsweise Opportunitätskosten, die dadurch entstehen, dass der Manager Zeit aufwendet um Wahlrechte beim Aufstellen der Bilanz in seinem Sinne auszunutzen, anstatt diese Zeit unternehmenswertsteigernd einzusetzen.

Neben den durch die Verzerrung verursachten Kosten $\psi \cdot b$, die von der Unternehmung zu tragen sind, ist eine potentielle Strafzahlung des Managers zu berücksichtigen. Die Normdurchsetzungsinstanz deckt mit einer bestimmten Wahrscheinlichkeit einen verzerrten Bericht auf und belegt den Manager mit einer Strafzahlung k_b. Daher wirkt die Manipulation nicht nur unternehmenswertsenkend, sondern reduziert zusätzlich durch die erwartete Strafzahlung

$$k_b = \frac{p_b \cdot c_b \cdot b^2}{2} \tag{5.4}$$

auch das persönliche Anreizsystem U^M des Managers. $p_b \in [0, 1]$ gibt die Wahrscheinlichkeit an, mit der die Manipulation ex-post aufgedeckt wird.

Wird die Manipulation aufgedeckt, dann muss der Manager die Strafzahlung $\frac{c_b \cdot b^2}{2}$ leisten. Die Kosten, die durch die Manipulation entstehen, sind also nicht nur vom Unternehmen, sondern auch vom Manager zu tragen. Dadurch ergeben sich Anreize für beide Parteien, die Manipulationsmöglichkeiten zu beschränken. Weil die Manipulation weder direkt beobachtbar ist noch vertraglich fixiert werden kann, ergibt sich eine potentielle Aufgabe für den Gesetzgeber. Er kann entsprechend dem Sarbanes-Oxley Act durch strengere Rechnungslegungsstandards die Manipulationsanreize des Managers zumindest reduzieren, indem er höhere Strafen bei Fehlverhalten festlegt. c_b kann in diesem Sinne als Strenge der Rechnungslegungsstandards interpretiert werden.

Innerhalb dieses Modells wird nicht zwischen legaler und illegaler Bilanzmanipulation unterschieden. Bezieht man die Normdurchsetzungsinstanz auf einen internen Regulator wie den Revisor, dann kann der Manager nicht nur für illegale Aktivitäten sanktioniert werden, sondern für alle Aktivitäten, die vom optimalen Entscheidungspfad abweichen und zusätzliche Kosten für die Unternehmung verursachen. Die maximale Strafe, die ein Revisor durchsetzen kann, ist normalerweise die Entlassung des Managers. Dagegen kann eine externe Normdurchsetzungsinstanz auch höhere persönliche Strafen durchzusetzen. Allerdings ist sie im Gegensatz zu einem internen Regulator nur daran interessiert, illegale Manipulationsaktivitäten der Manager aufzudecken.

Zum Zeitpunkt t=2 reagiert der Kapitalmarkt auf den Bericht m des Managers indem er den Aktienkurs P anpasst. P spiegelt die Markterwartungen über den Wert der Unternehmung unter Berücksichtigung des Berichts m wider.

Die Periode 2 steht für die langfristige Wertentwicklung der Unternehmung, in der sich die langfristige Wertkomponente ε_l realisiert und dadurch den Bruttowert u_B terminiert. Würde als Bewertungsgrundlage für die Anreizverträge der Bruttowert der Unternehmung herangezogen werden, dann wären die Manipulationsmöglichkeiten durch den Manager ausgeschlossen, da der Bruttowert per Annahme durch den Manager nicht manipulierbar ist. Allerdings liegt annahmegemäss der Zeitpunkt t=3, in der sich der Bruttowert endgültig realisiert, so weit in der Zukunft, dass eine Kontrahierung darauf nicht praktikabel wäre und stattdessen der Aktienkurs in t=2 als Grundlage für die Entlohnung herangezogen wird.

5.2 Marktpreisbildung

Im Gegensatz zum Manager hat der Kapitalmarkt kein Insiderwissen über den Gewinn der Unternehmung, da er das Signal y_1 nicht direkt beobachten kann. Daher ist der Marktpreis in t=2 eine Funktion, die sich aus den Beliefs des Marktes sowie dem Bericht m des Managers zusammensetzt. Die Investoren können allerdings in t=2 weder den tatsächlichen Arbeitseinsatz a noch die tatsächlich gewählte Verzerrung b direkt beobachten. Sie können aber das gleichgewichtige Earnings Management-Verhalten perfekt antizipieren. Daher ergibt sich der Marktpreis als bedingter Erwartungswert des Bruttoendwerts $\tilde{u}$ in Abhängigkeit vom Gewinnausweis m unter Berücksichtigung der vom Kapitalmarkt antizipierten Verzerrung $\hat{b}$, mit

$$\begin{aligned}
P &= E[\tilde{u}|m,\hat{b}] \\
&= E[\gamma \cdot \hat{a} + \tilde{u}_1 + \tilde{\varepsilon}_l - \psi \cdot \hat{b} | \gamma \cdot \hat{a} + \tilde{u}_1 + \tilde{\varepsilon}_1 + \hat{b}] \\
&= E(\gamma \cdot \hat{a} + \tilde{u}_1 + \tilde{\varepsilon}_l - \psi \cdot \hat{b}) \\
&\quad + \frac{cov(\gamma \cdot \hat{a} + \tilde{u}_1 + \tilde{\varepsilon}_l - \psi \cdot \hat{b}; \gamma \cdot \hat{a} + \tilde{u}_1 + \tilde{\varepsilon}_1 + \hat{b})}{var(\tilde{u}_1 + \tilde{\varepsilon}_1 + \hat{b})} \\
&\quad \cdot [m - E(\gamma \cdot \hat{a} + \tilde{u}_1 + (b - \hat{b}) + \tilde{\varepsilon}_1 + \hat{b})] \\
&= [\gamma \cdot \hat{a} + \mu_{u_1} - \psi \cdot \hat{b}] + \frac{\sigma^2_{u_1}}{\sigma^2_{u_1} + \sigma^2_{\varepsilon_1}} \cdot (m - \gamma \cdot \hat{a} - \mu_{u_1} - \hat{b}). \qquad (5.5)
\end{aligned}$$

Der Term in der eckigen Klammer von (5.5) gibt den erwarteten Bruttoendwert an, der unabhängig vom Zusatzsignal y_1 ist. Dieses Zusatzsignal wird anschliessend durch das Produkt im zweiten Term von (5.5) eingepreist. Der Bruch $\frac{\sigma^2_{u_1}}{\sigma^2_{u_1}+\sigma^2_{\varepsilon_1}}$ gibt die Wertrelevanz des Berichts m aus Sicht des Kapitalmarkts an. Die Wertrelevanz definiert die Einschätzung des Marktes, wie genau vom Signal y_1 auf den Wert u rückgeschlossen werden kann. Abschliessend gibt der Term in der runden Klammer die Wertkorrektur an, die sich aus dem publizierten Bericht m ergibt.

Um analysieren zu können, welche Verzerrung b der Manager wählt, und welchen Bericht m er publiziert, müssen Annahmen bezüglich des Preissetzungsverhalten des Marktes getroffen werden. Daher geht der Manager davon aus, dass folgender linearer Zusammenhang zwischen dem Marktpreis P und dem Bericht m besteht:

$$\begin{aligned} \hat{P}(m) &= \hat{\alpha}_P + \hat{\beta}_P \cdot m \\ &= \hat{\alpha}_P + \hat{\beta}_P \cdot (\gamma \cdot a + y_1 + b). \end{aligned}$$

Im Preisgleichgewicht muss deshalb für alle Berichte m die Gleichgewichtsbedingung zwischen dem vom Manager antizipierten Preis $\hat{P}(m)$ und dem vom Kapitalmarkt gesetzten Preis $P(m)$ mit

$$\hat{P}(m) = P(m)$$

gelten, die mit

$$\begin{aligned} \beta_P &= \frac{\sigma_{u_1}^2}{\sigma_{u_1}^2 + \sigma_{\varepsilon_1}^2} \\ \alpha_P &= \gamma \cdot \hat{a} + \mu_{u_1} - \psi \cdot b - \beta_P \cdot (\gamma \cdot \hat{a} + \mu_{u_1} + b) \end{aligned}$$

erfüllt ist. β_P gibt die Wertrelevanz des Berichts m für den Kapitalmarkt an. Wenn die Glaubwürdigkeit des Rechnungslegungssystems steigt ($\sigma_{\varepsilon_1}^2 \downarrow$), dann ist nur noch eine geringere Varianz dem Signal $\tilde{y_1} = \tilde{u}_1 + \tilde{\varepsilon}_1$ zurechenbar. Aus Sicht des Marktes ist daher der Bericht m eine qualitativ bessere Stichprobe, um auf den Bruttoendwert u rückzuschliessen. Daher steigt die Wertrelevanz von m, wenn die Rechnungslegung hohe Reputation geniesst, was durch $\beta_P = \frac{\sigma_{u_1}^2}{\sigma_{u_1}^2 + \sigma_{\varepsilon_1}^2}$ symbolisiert wird.[7]

[7] Der Kapitalmarkt antizipiert, dass der Manager den Bericht m entsprechend (5.2) mit $m = \gamma \cdot a + y_1 + b$ wählt. Obwohl der Kapitalmarkt den gewählten Arbeitseinsatz a und die Verzerrung b nicht direkt beobachten kann, kann er auf den gewählten Wert im Gleichgewicht rückschliessen, so dass $a = \hat{a}$ und $b = \hat{b}$ gilt. Daher reduziert sich die Wertkorrektur in der runden Klammer von (5.5) zu $y_1 - \mu_{u_1}$.

5.3 Earnings Management-Verhalten des Managers

Nachdem der Manager die Gewinngrösse y_1 beobachtet hat, hat er die Möglichkeit, Bilanzpolitik zu betreiben, in dem er einen verzerrten Bericht m publiziert. Der Manager wählt die Verzerrung $b(y_1)$ für jede mögliche Realisation von y_1 so, dass es seine Nutzenfunktion aus (5.1) bei gegebenen Erwartungen bezüglich der Reaktion des Kapitalmarktes auf den publizierten Bericht m mit

$$b \in arg \max_{b} E[U^M(\alpha_d, \beta_d, a|\Omega_{1c}^M)] \tag{5.6}$$

optimiert. $E[U^M(\cdot)]$ definiert den erwarteten Nutzen des Managers am Ende der Periode 1. Der persönliche Nutzen ist dabei abhängig von den Gehaltsparametern α_d und β_d, vom Arbeitseinsatz a, sowie vom erhaltenen Gewinnsignal y_1. Die Nutzenfunktion kann entsprechend (5.1) umformuliert werden zu

$$\begin{aligned} E[U^M(\alpha_d, \beta_d, a|\Omega_{1c}^M)] &= E(\alpha_d, \beta_d, a|\Omega_{1c}^M) - \frac{\rho}{2} \cdot var(\alpha_d, \beta_d, a|\Omega_{1c}^M) \\ &\quad - \frac{c_a \cdot a^2 + p_b \cdot c_b \cdot b^2}{2}. \end{aligned} \tag{5.7}$$

Nachdem der Manager das interne Gewinnsignal y_1 beobachtet hat, kennt er alle Parameter, die seine Nutzenfunktion beeinflussen oder kann auf diese rückschliessen, da die Entlohnung vom Marktwert P und nicht vom Bruttoendwert u abhängt. Deshalb sind die beiden Wertparameter $\tilde{u}_1$ und $\tilde{\varepsilon}_l$, die sich erst in t=3 realisieren, für das Entscheidungsproblem des Managers irrelevant. Die mit der Entlohnung verbundene Unsicherheit ist damit vernichtet ($var(\alpha_d, \beta_d, a|\Omega_{1c}^M) = 0$) und das Entscheidungsproblem des Managers in t=1c reduziert sich zu

$$\begin{aligned} E(U^M(\alpha_d, \beta_d, a)|\Omega_{1c}^M) &= E(\alpha_d, \beta_d, a|\Omega_{1c}^M) - \frac{c_a \cdot a^2 + p_b \cdot c_b \cdot b^2}{2} \\ &= \alpha_d + \beta_d \cdot [\hat{\alpha}_P + \hat{\beta}_P \cdot (\gamma \cdot a + y_1 + b)] \\ &\quad - \frac{c_a \cdot a^2 + p_b \cdot c_b \cdot b^2}{2}. \end{aligned} \tag{5.8}$$

In Verbindung mit der Linearitätsannahme bezüglich der Preisbildung des Marktes impliziert (5.8), dass die Nutzenfunktion des Managers konkav in der Verzerrung b ist. Der Manager maximiert seine Nutzenfunktion in Bezug auf b mit

$$\underset{b^*}{\text{FOC}}: \beta_d \cdot \beta_P - p_b \cdot c_b \cdot b^* \;=\; 0.$$

Daraus folgt die gleichgewichtige Verzerrung

$$b^* \;=\; \frac{\beta_d \cdot \beta_P}{p_b \cdot c_b} = \frac{\beta_d}{p_b \cdot c_b} \cdot \frac{\sigma_{u_1}^2}{\sigma_{u_1}^2 + \sigma_{\varepsilon_1}^2}. \tag{5.9}$$

In welchem Masse der Manager Bilanzpolitik betreibt, hängt also ab von der Pay Performance-Sensitivität β_d, von der Aufdeckungswahrscheinlichkeit des Earnings Management-Verhaltens durch eine Normdurchsetzungsinstanz p_b, von der Strenge der Rechnungslegungsstandards c_b, sowie von der Wertrelevanz β_P des Berichts m. Die Wertrelevanz ist wiederum abhängig von der Reputation der Rechnungslegung. Wie diese Parameter auf die Bilanzpolitik wirken und welche empirischen Implikationen daraus gezogen werden können, wird nachfolgend erläutert.

Damit der Manager im Sinne der Eigentümer agiert, müssen ihm diese Anreize im Sinne eines erfolgsabhängigen Entlohnungsvertrages geben. Eine hohe Pay Performance-Sensitivität fördert allerdings die Anreize des Managers, Bilanzpolitik zu betreiben und reduziert dessen Interesse an einer transparenten Publizitätspolitik ($\frac{db^*}{d\beta_d} > 0$). In direkter Weise hat eine hohe aktienbezogene Entlohnung daher auch negative Auswirkungen auf den Bruttowert u der Unternehmung (5.3), da dieser negativ vom Ausmass der Bilanzpolitik b abhängt und über die Opportunitätskosten der Unternehmenswert reduziert wird.[8]

Wie stark die Manipulationsanreize sind, hängt von den verbleibenden drei Parametern p_b, c_b und β_P ab. Die Aufdeckungswahrscheinlichkeit der Bilanzpolitik durch eine Normdurchsetzungsinstanz ist negativ verbunden mit dem

[8] Inwiefern eine erfolgsabhängige Entlohnungskomponente dem Manager Anreize gibt, im Sinne der Eigentümer tätig zu werden und einen hohen Arbeitseinsatz a zu wählen, wird in Abschnitt 5.4 analysiert.

Ausmass der Bilanzpolitik ($\frac{db^*}{dp_b} < 0$). Dieses intuitive Ergebnis unterstützt eine häufige Kontrolle durch sowohl interne als auch externe Instanzen, die eine abschreckende Wirkung auf die Manipulationsanreize des Managers hat. Wenn die Wahrscheinlichkeit hoch ist, dass die vom Manager betriebene Bilanzpolitik aufgedeckt wird, dann fallen die Strafkosten k_b stärker ins Gewicht und reduzieren die Manipulationsanreize des Managers. Identisch verhält es sich mit strengeren Rechnungslegungsstandards, da diese ebenfalls die erwarteten Kosten aus der Manipulation erhöhen und dadurch abschreckend auf die Manipulationsanreize des Managers wirken ($\frac{db^*}{dc_b} < 0$).

Die beiden exogenen Parameter $\sigma^2_{u_1}$ und $\sigma^2_{\varepsilon_1}$ haben über β_P direkten Einfluss auf die gewählte Verzerrung b^* im Gleichgewicht. $\sigma^2_{u_1}$ bestimmt die Unsicherheit bezüglich der Auswirkungen der externen Umwelteinflüsse auf den Unternehmenswert. Die Wertrelevanz steigt in $\sigma^2_{u_1}$, da das neu empfangene Signal y_1 umso wertvoller wird, je stärker der ursprüngliche Wert u_1 mit Risiko behaftet ist. Wenn die Wertrelevanz β_P steigt, dann wird die Verzerrung stärker vom Kapitalmarkt in P eingepreist, wodurch die Anreize für den Manager steigen, Bilanzpolitik zu betreiben.

Die zweite Variable $\sigma^2_{\varepsilon_1}$ bestimmt die Unsicherheit bezüglich der Qualität des vom Manager beobachteten Gewinnsignals y_1. Die Wertrelevanz sinkt in $\sigma^2_{\varepsilon_1}$, da durch ein weniger präzises Signal y_1 nur ungenau auf den ursprünglichen Wert u_1 rückgeschlossen werden kann. Bei einer sinkenden Wertrelevanz β_P wird die Verzerrung weniger stark vom Kapitalmarkt in P eingepreist, wodurch die Anreize für den Manager sinken, Bilanzpolitik zu betreiben, da die daraus entstehenden Kosten unverhältnismässig gross wären.

Es ist zu beachten, dass der Manager nur durch persönliche Strafen die Anreizstruktur des Managers, Bilanzpolitik zu betreiben, ändern kann. Die unternehmensbezogenen Strafen $\psi \cdot b$ haben dagegen keinen direkten Einfluss und sind deshalb unwirksam, um die Anreize des Managers zu einer transparenten Publizitätspolitik zu verbessern. Dies liegt daran, dass in der Zielfunktion (5.8) der Manager die Preisbildungskomponenten $\hat{\alpha}_P$ und $\hat{\beta}_P$ nicht beobachten, sondern nur antizipieren kann. Die Beliefs des Managers sind daher fix und eine Veränderung von b hat keine Änderung der antizipierten Parameter $\hat{\alpha}_P$ oder $\hat{\beta}_P$ zur Folge.

5.4 Arbeitseinsatz des Managers

Bisher wurde die Interaktion zwischen Manager und Kapitalmarkt untersucht. Es wurde analysiert, welche Anreize der Manager besitzt, Bilanzpolitik zu betreiben und wie sich dies auf die Preisbildung des Kapitalmarktes auswirkt. In diesem Abschnitt wird nun der Fokus auf die Beziehung zwischen Manager und Unternehmenseignern gelegt und untersucht, inwiefern aktienbasierte Entlohnungsverträge ausgestaltet sein sollten, damit der Manager einen möglichst hohen, weil unternehmenswertsteigernden Arbeitseinsatz a wählt.

Der Manager kann in t=1a durch persönlichen Arbeitseinsatz a den Bruttowert der Unternehmung $\tilde{u}_B = \gamma \cdot a + \tilde{u}_1 + \tilde{\varepsilon}_l$ erhöhen. Der Arbeitseinsatz ist für die Eigentümer weder beobachtbar, noch kontrahierbar. Neben der Erhöhung des Bruttowerts verursacht der Arbeitseinsatz aber auch Disnutzen k_a. Der Manager wählt seinen Arbeitseinsatz a so, dass er seinen erwarteten Nutzen in t=1a mit

$$a \in arg \max_b E[U^M(\alpha_d, \beta_d | \Omega_{1a}^M)] \tag{5.10}$$

maximiert. In t=1a hat der Manager die private Gewinninformation y_1 noch nicht beobachtet. Daher muss er diese Unsicherheit bezüglich der Realisation von $y_1 = u_1 + \varepsilon_1$ bei der Wahl von a mit berücksichtigen. Diese Unsicherheit wird in $E[U^M(\alpha_d, \beta_d | \Omega_{1a}^M)]$ durch die Varianz der erwarteten Entlohnung

$var(\alpha_d, \beta_d|\Omega_{1a}^M)$ berücksichtigt.[9] Der erwartete Nutzen in t=1a beträgt somit

$$\begin{aligned} E(U^M(\alpha_d, \beta_d|\Omega_{1a}^M)) &= \alpha_d + \beta_d \cdot [\alpha_P + \beta_P \cdot (\gamma \cdot a + \mu_{u_1} + b^*)] \\ &\quad -\frac{\rho}{2} \cdot \beta_d^2 \cdot \beta_P^2 \cdot (\sigma_{u_1}^2 + \sigma_{\varepsilon_1}^2) - \frac{c_a \cdot a^2 + p_b \cdot c_b \cdot b^{*2}}{2} \\ &= \alpha_d + \beta_d \cdot [\gamma \cdot a + \mu_{u_1} - \psi \cdot b^*] - \frac{\rho}{2} \cdot \beta_d^2 \cdot \beta_P^2 \cdot (\sigma_{u_1}^2 + \sigma_{\varepsilon_1}^2) \\ &\quad - \frac{c_a \cdot a^2 + p_b \cdot c_b \cdot b^{*2}}{2}. \end{aligned} \tag{5.11}$$

Der Manager maximiert seinen erwarteten Nutzen in t=1a in Bezug auf den Arbeitseinsatz a mit

$$\underset{a^*}{\text{FOC}}: \beta_d \cdot \gamma - c_a \cdot a^* = 0, \tag{5.12}$$

und es resultiert der Arbeitseinsatz im Gleichgewicht mit

$$a^* = \frac{\beta_d \cdot \gamma}{c_a}. \tag{5.13}$$

Damit der Manager einen hohen Arbeitseinsatz wählt, müssen die Eigentümer ihm einen Vertrag anbieten, der den Manager am Erfolg der Unternehmung partizipieren lässt und sich deshalb am Aktienkurs P orientiert ($\beta_d > 0$). Neben einem hohen Arbeitseinsatz bewirkt die Pay Performance-Sensitivität $\beta_d > 0$ aber auch eine stark verzerrte Finanzberichterstattung. Daher verursacht eine aktienbasierte Entlohnung Anreize zu höherem Arbeitseinsatz, entsprechend (5.13), aber auch Anreize zu einer verzerrten Publizitätspolitik, entsprechend (5.9). Durch die starken Anreize zur Bilanzpolitik sinkt der erwartete Wert der Unternehmen, da $\psi \cdot b$ steigt. Ein optimaler Entlohnungsvertrag sollte daher nicht nur Leistungsanreize durch eine hohe Pay Performance-Sensitivität geben, sondern auch die Manipulationsanreize einschränken.

Der Arbeitseinsatz ist zusätzlich positiv von der exogen gegebenen Produktivität γ des Managers abhängig. Durch eine steigende Produktivität γ steigen die Anreize des Managers einen höheren Arbeitseinsatz a zu wählen, da sich

[9] Die ebenfalls in t=1a noch nicht realisierte langfristige Komponente $\tilde{\varepsilon}_l$ muss nicht berücksichtigt werden, da sie keinen Einfluss auf die Entlohnungshöhe hat.

nun der Arbeitseinsatz stärker in einer Marktpreiserhöhung niederschlägt. Dagegen senkt ein steigender Grenzdisnutzen aus dem Arbeitseinsatz c_a den Arbeitseinsatz im Gleichgewicht, da eine marginale Erhöhung von c_a den Arbeitseinsatz verteuert.

5.5 Optimaler Entlohnungsvertrag

Um die Pay Performance-Sensitivität beurteilen zu können, werden zwei alternative Pay Performance-Sensitivität-Masse hergeleitet. Einerseits wird als Benchmark in Abschnitt 5.5.1 die Pay Performance-Sensitivität $\breve{\beta}_d$ berechnet, die sich ergibt, wenn der Manager keine Earnings Management-Anreize aufweist. Andererseits wird in Abschnitt 5.5.2 die Pay Performance-Sensitivität β_d analysiert, die sich unter Berücksichtigung der Earnings Management-Aktivitäten des Managers ergibt.

5.5.1 Entlohnungsvertrag ohne Earnings Management

Unter der Annahme, dass der Manager kein Earnings Management betreiben kann, entstehen einerseits keine unternehmensbezogenen Kosten aus fehlgeleiteten Ressourcen ($\psi \cdot b = 0$) und andererseits muss der Manager keine persönlichen Strafen aus den Earnings Management-Aktivitäten fürchten ($0.5 \cdot p_b \cdot c_b \cdot b^2 = 0$). In diesem Fall ergibt sich das Optimierungsproblem der Eigentümer im Zeitpunkt t=0 wie folgt:

$$\max_{\breve{\alpha}_d, \breve{\beta}_d} U^E = E\left[u - (\breve{\alpha}_d + \breve{\beta}_d \cdot P)|\Omega_0^E\right] \tag{5.14}$$

$$= \gamma \cdot a^* + \mu_{u_1} - E(\breve{\alpha}_d + \breve{\beta}_d \cdot P|\Omega_0^E) \tag{5.15}$$

unter den beiden Nebenbedingungen

$$E(\breve{\alpha}_d + \breve{\beta}_d \cdot P|\Omega_0^E) - \frac{\rho}{2} \cdot \breve{\beta}_d^2 \cdot \beta_P^2 \cdot \sigma_{y_1}^2 - \frac{c_a \cdot a^{*2}}{2} = 0 \tag{5.16}$$

$$a^* = \frac{\breve{\beta}_d \cdot \gamma}{c_a}. \tag{5.17}$$

Die Nebenbedingung (5.16) steht für die Teilnahmebedingung des Managers und (5.17) repräsentiert die Anreizbedingung. Der Manager richtet seine Zielfunktion (5.14) wiederum am Bruttoendwert u aus, der sich erst mit der Realisation von u_1 und ε_1 in t=3 realisiert.

Durch Einsetzen von (5.16) in (5.15) reduziert sich die Zielfunktion der Eigentümer zu

$$\max_{\check{\alpha}_d, \check{\beta}_d} U^E = \gamma \cdot a^* + \mu_{u_1} - \frac{\rho}{2} \cdot \check{\beta}_d^2 \cdot \beta_P^2 \cdot \sigma_{y_1}^2 - \frac{c_a \cdot a^{*2}}{2}.$$

Die Eigentümer maximieren ihren erwarteten Nutzen in t=0 in Bezug auf die erfolgsabhängige Entlohnungskomponente $\check{\beta}_d$ mit

$$\underset{\check{\beta}_d}{\text{FOC:}} \frac{\partial U}{\partial \check{\beta}_d} + \frac{\partial U}{\partial a^*} \cdot \frac{da^*}{d\check{\beta}_d} = 0 \tag{5.18}$$

mit

$$\frac{\partial U}{\partial \check{\beta}_d} = -\rho \cdot \check{\beta}_d \cdot \beta_P^2 \cdot \sigma_{y_1}^2 \tag{5.19}$$

$$\frac{\partial U}{\partial a^*} = \gamma - c_a \cdot a^* \tag{5.20}$$

$$\frac{da^*}{d\check{\beta}_d} = \frac{\gamma}{c_a}. \tag{5.21}$$

Die gleichgewichtige Pay Performance-Sensitivität $\check{\beta}_d$ ergibt sich aus der Bedingung erster Ordnung. Durch Einsetzen von (5.19) - (5.21) in (5.18) folgt

$$\underset{\check{\beta}_d}{\text{FOC:}} \; -\rho \cdot \check{\beta}_d \cdot \beta_P^2 \cdot \sigma_{y_1}^2 + [\gamma - c_a \cdot a^*] \cdot \frac{\gamma}{c_a} = 0$$

$$\check{\beta}_d \cdot \left[-\rho \cdot \beta_P^2 \cdot \sigma_{y_1}^2 - \frac{\gamma^2}{c_a}\right] = -\frac{\gamma^2}{c_a}$$

$$\check{\beta}_d = \frac{\gamma^2}{\rho \cdot \beta_P^2 \cdot \sigma_{y_1}^2 \cdot c_a + \gamma^2} < 1. \tag{5.22}$$

Die Pay Performance-Sensitivität $\check{\beta}_d$ entspricht dem Standard Agency-Ergebnis, wenn der Manager wahrheitsgemäss berichtet [vgl. Holmström (1979)]. Dieses Ergebnis wird in Abschnitt 5.5.2 mit der Pay Performance-Sensitivität β_d verglichen, um so den Einfluss von Earnings Management auf die Pay Performance-Sensitivität aufzuzeigen.

5.5.2 Entlohnungsvertrag unter Berücksichtigung von Earnings Management

In den Zeitpunkten t=1c und t=1a wurden mit $b(\beta_d)$ und $a(\beta_d)$ das gleichgewichtige Earnings Management-Verhalten sowie der optimale Arbeitseinsatz jeweils als Funktion in Abhängigkeit der Pay Performance-Sensitivität β_d berechnet. Die aktienabhängige Entlohnungskomponente hat dabei eine positive und eine negative Wirkung auf die Anreize des Managers. Einerseits führt es zu gewolltem höheren Arbeitseinsatz, der den Wert der Unternehmung steigert. Andererseits führt sie auch zu stärkerer Bilanzpolitik, die durch die daraus entstehenden Opportunitätskosten den Bruttoendwert der Unternehmung reduziert. Der optimale Entlohnungsvertrag hat nun zur Aufgabe, in diese Wechselwirkung korrigierend einzugreifen. Daher wird in diesem Abschnitt ein optimaler Entlohnungsvertrag analysiert, der den erwarteten Nutzen der Eigentümer in t=0 maximiert. Der optimale Vertrag muss die Anreizverschiebung auf Seiten des Managers berücksichtigen, die durch den gleichgewichtigen Arbeitseinsatz $a^* = a(\beta_d^*)$ sowie durch das gleichgewichtige Earnings Management-Verhalten $b^* = b(\beta_d^*)$ entstehen.

In t=0 lösen die Eigentümer das nachfolgende Optimierungsproblem unter Berücksichtigung der Informationsmenge der Eigentümer Ω_0^M mit

$$\max_{\alpha_d,\beta_d} U^E = E\left[u - (\alpha_d + \beta_d \cdot P)|\Omega_0^E\right] \tag{5.23}$$

$$= \gamma \cdot a^* + \mu_{u_1} - \psi \cdot b^* - E(\alpha_d + \beta_d \cdot P|\Omega_0^E) \tag{5.24}$$

unter den drei Nebenbedingungen

$$E(\alpha_d + \beta_d \cdot P|\Omega_0^E) - \frac{\rho}{2} \cdot \beta_d^2 \cdot \beta_P^2 \cdot \sigma_{y_1}^2 - \frac{c_a \cdot a^{*2} + p_b \cdot c_b \cdot b^{*2}}{2} = 0 \tag{5.25}$$

$$a^* = \frac{\beta_d \cdot \gamma}{c_a} \tag{5.26}$$

$$b^* = \frac{\beta_d \cdot \beta_P}{p_b \cdot c_b}. \tag{5.27}$$

Die Nebenbedingung (5.25) steht für die Teilnahmebedingung des Managers und (5.26) sowie (5.27) repräsentieren die beiden Anreizbedingungen.

Es wird angenommen, dass die Eigentümer langfristig orientierte Investoren sind. Daher orientiert sich ihre Zielfunktion (5.23) am Bruttoendwert u der Unternehmung, der sich erst mit der Realisation von u_1 und ε_1 in t=3 einstellt.

Durch Einsetzen von (5.25) in (5.24) reduziert sich die Zielfunktion der Eigentümer zu

$$\max_{\alpha_d, \beta_d} U^E = \gamma \cdot a^* + \mu_{u_1} - \psi \cdot b^* - \frac{\rho}{2} \cdot \beta_d^2 \cdot \beta_P^2 \cdot \sigma_{y_1}^2 - \frac{c_a \cdot a^{*2} + p_b \cdot c_b \cdot b^{*2}}{2}.$$

Die Eigentümer maximieren ihren erwarteten Nutzen in t=0 in Bezug auf die erfolgsabhängige Entlohnungskomponente β_d mit

$$\text{FOC}_{\beta_d}: \frac{\partial U}{\partial \beta_d} + \frac{\partial U}{\partial a^*} \cdot \frac{da^*}{d\beta_d} + \frac{\partial U}{\partial b^*} \cdot \frac{db^*}{d\beta_d} = 0 \tag{5.28}$$

mit

$$\frac{\partial U}{\partial \beta_d} = -\rho \cdot \beta_d \cdot \beta_P^2 \cdot \sigma_{y_1}^2 \tag{5.29}$$

$$\frac{\partial U}{\partial a^*} = \gamma - c_a \cdot a^* \tag{5.30}$$

$$\frac{da^*}{d\beta_d} = \frac{\gamma}{c_a} \tag{5.31}$$

$$\frac{\partial U}{\partial b^*} = -\psi - p_b \cdot c_b \cdot b^* \tag{5.32}$$

$$\frac{db^*}{d\beta_d} = \frac{\beta_P}{p_b \cdot c_b}. \tag{5.33}$$

Die Pay Performance-Sensitivität im Gleichgewicht ergibt sich aus der Bedingung erster Ordnung. Durch Einsetzen von (5.29) - (5.33) in (5.28) folgt

$$\text{FOC}_{\beta_d}: -\rho \cdot \beta_d \cdot \beta_P^2 \cdot \sigma_{y_1}^2 + [\gamma - c_a \cdot a^*] \cdot \frac{\gamma}{c_a} + [-\psi - p_b \cdot c_b \cdot b^*] \cdot \frac{\beta_P}{p_b \cdot c_b} = 0$$

$$\beta_d \cdot \left[-\rho \cdot \beta_P^2 \cdot \sigma_{y_1}^2 - \frac{\gamma^2}{c_a} - \frac{\beta_P^2}{p_b \cdot c_b}\right] = -\frac{\gamma^2}{c_a} + \frac{\psi \cdot \beta_P}{p_b \cdot c_b}$$

$$\beta_d = \frac{\gamma^2 \cdot p_b \cdot c_b - \psi \cdot \beta_P \cdot c_a}{\rho \cdot \beta_P^2 \cdot \sigma_{y_1}^2 \cdot c_a \cdot p_b \cdot c_b + \gamma^2 \cdot p_b \cdot c_b + \beta_P^2 \cdot c_a} < 1. \tag{5.34}$$

Lemma 12. *Die Eigentümer senken die Pay Performance-Sensitivität, wenn der Manager hohe Earnings Management-Anreize besitzt, um so den Trade-off zwischen Arbeitseinsatz und Earnings Management-Anreizen zu kontrollieren.*

Lemma 12 wird ersichtlich, indem aufgezeigt wird, wie sich die gleichgewichtige Pay Performance-Sensitivität durch Earnings Management verändert. Zu diesem Zweck wird gezeigt, dass

$$\beta_d < \check{\beta}_d \tag{5.35}$$

gilt, indem β_d und $\check{\beta}_d$ durch (5.34) respektive (5.22) ersetzt werden. Daraus folgt

$$\begin{aligned} \frac{\gamma^2 \cdot p_b \cdot c_b - \psi \cdot \beta_P \cdot c_a}{\rho \cdot \beta_P^2 \cdot \sigma_{y_1}^2 \cdot c_a \cdot p_b \cdot c_b + \gamma^2 \cdot p_b \cdot c_b + \beta_P^2 \cdot c_a} &< \frac{\gamma^2}{\rho \cdot \beta_P^2 \cdot \sigma_{y_1}^2 \cdot c_a + \gamma^2} \\ -[\rho \cdot \beta_P^2 \cdot \sigma_{y_1}^2 \cdot c_a + \gamma^2] &< \gamma \cdot \beta_P. \end{aligned} \tag{5.36}$$

Da der Term in der eckigen Klammer von (5.35) immer positiv ist, ist die Ungleichung (5.36) immer erfüllt, wodurch die Bedingung (5.35) gilt und β_d immer kleiner ist als $\check{\beta}_d$.

Ohne die Möglichkeit, Earnings Management zu betreiben, wird der optimale Anreizvertrag $\check{\beta}_d$ ausschliesslich durch den Trade-off zwischen Nutzen aus zusätzlichem Arbeitseinsatz und den Kosten, die durch den Arbeitseinsatz verursacht werden, terminiert. Wenn die Möglichkeit des Managers, Earnings Management zu betreiben, zusätzlich berücksichtigt wird, dann erhöht eine aktienbezogene Entlohnung auch die Anreize des Managers, Bilanzpolitik zu betreiben. Der optimale Entlohnungsvertrag β_d muss daher nicht nur hohe Arbeitsanreize setzen, sondern ebenfalls die Earnings Management-Anreize kontrollieren. Deshalb ist die gleichgewichtige Pay Performance-Sensitivität unter Berücksichtigung von Earnings Management-Aktivitäten tiefer als die Pay Performance-Sensitivität ohne Earnings Management-Aktivitäten ($\beta_d < \check{\beta}_d$). Dieses Ergebnis erklärt die Ergebnisse von Jensen und Murphy (1990) und Murphy (1999), die gezeigt haben, dass die empirisch gemessene Pay Performance-Sensitivität im Vergleich zur theoretisch vorhergesagten

Pay Performance-Sensitivität ohne Berücksichtigung von Earnings Management zu tief ist.

5.5.3 Komparative Statik

Eine Erhöhung der Pay Performance-Sensitivität führt zu einem höheren Arbeitseinsatz, aber auch zu höheren Earnings Management-Anreizen. Während der erste Effekt gewollt ist, so ist der zweite Effekt aus Sicht der Eigentümer negativ zu bewerten, da Earnings Management zu einer untransparenten Finanzberichterstattung führt und dadurch den Unternehmenswert senkt. Dieser Abschnitt soll den Zusammenhang zwischen dem Arbeitseinsatz von Managern, deren Anreizen für eine verzerrte Bilanzpolitik, sowie deren Abhängigkeit von der Pay Performance-Sensitivität aufdecken. Zu diesem Zweck, werden die Ergebnisse der komparativen Statik in Bezug auf die exogenen Parameter c_b, ψ, γ und $\sigma^2_{\varepsilon_1}$ nachfolgend analysiert und interpretiert.

Lemma 13. *Ergebnisse der komparativen Statik in Bezug auf β_d:*

1. $\frac{d\beta_d}{dc_b} > 0$; $\frac{db^*}{dc_b} \gtrless 0$; $\frac{da^*}{dc_b} > 0$ *über* β_d
2. $\frac{d\beta_d}{d\psi} < 0$; $\frac{db^*}{d\psi} < 0$ *über* β_d; $\frac{da^*}{d\psi} < 0$ *über* β_d
3. $\frac{d\beta_d}{d\gamma} > 0$; $\frac{db^*}{d\gamma} > 0$ *über* β_d; $\frac{da^*}{d\gamma} > 0$
4. $\frac{d\beta_d}{d\sigma^2_{\varepsilon_1}} \gtrless 0$; $\frac{db^*}{d\sigma^2_{\varepsilon_1}} < 0$; $\frac{da^*}{d\sigma^2_{\varepsilon_1}} \gtrless 0$ *über* β_d

Es ist zu beachten, dass für $\gamma^2 \cdot p_b \cdot c_b - \psi \cdot \beta_P \cdot c_a > 0$ gelten muss, da β_d per Annahme positiv ist. Die Herleitungen der Ergebnisse sind in Anhang E aufgeführt. Es wird untersucht, wie die exogenen Parameter jeweils auf die Earnings Management-Anreize b^*, auf den Arbeitseinsatz a^* und schliesslich auf die Pay Performance-Sensitivität wirken.

Zu 1.: Eine Erhöhung der Strafzahlung bei Aufdeckung der Verzerrung c_b erhöht die vom Manager persönlich zu tragenden Kosten, die durch die Bilanzpolitik entstehen und reduziert daher die Anreize des Managers, die Finanzberichterstattung zu verzerren. Wenn der Manager weniger Bilanzpolitik betreibt, können die Eigentümer durch eine höhere Pay Performance-Sensitivität die Arbeitsanreize erhöhen. Allerdings steigen dadurch gleichzeitig die Manipulationsanreize. Welcher der beiden gegenläufigen Effekte dominiert, hängt allerdings von der Parameterkonstellation ab. Die Kosten von Earnings Management haben dagegen keine direkten Anreizveränderung des Arbeitseinsatzes zur Folge. Daher überwiegt der positive Effekt aus einer höheren Pay Performance-Sensitivität, da dieser vor allem den Arbeitseinsatz des Managers erhöht, die Anreize zu Earnings Management aber nur in eingeschränktem Masse gefördert werden. Sowohl hohe Strafen für den Manager als auch häufigere Kontrollen durch ein internes oder externes Kontrollsystem, wie sie im Sarbanes-Oxley Act festgelegt wurden, lindern zwar die negativen Wirkungen, die normalerweise von einer höheren Pay Performance-Sensitivität ausgehen, sie führen aber nicht zwangsläufig zu geringeren Manipulationsanreizen beim Manager.

Zu 2.: Eine Erhöhung der Grenzkosten aus dem Ressourceneinsatz ψ erhöht die Kosten, die den Eigentümern durch Earnings Management entstehen. Ziel der Eigentümer ist es daher, die betriebene Bilanzpolitik zu reduzieren, da sich diese durch das gestiegene ψ stärker negativ auf den Unternehmenswert auswirkt. Die Eigentümer senken daher die Pay Performance-Sensitivität, wodurch die Anreize, Earnings Management zu betreiben, ebenfalls gesenkt werden. Unternehmensbezogene Strafen wirken sich somit im Vergleich zu personenbezogenen Strafen p_b und c_b genau entgegengesetzt auf den gleichgewichtigen Anreizvertrag aus. Gesetzlich verankerte höhere unternehmensbezogene Strafen führen allerdings zu einer Reduktion der gleichgewichtigen Pay Performance-Sensitivität, da sich die Verzerrung in diesem Fall nicht mehr nur auf die persönliche Anreizstruktur des Managers niederschlägt, sondern direkt auf den für die Eigentümer relevanten Unternehmenswert. Die Eigentümer würden unter diesem neuen Regime daher versuchen, durch eine Reduktion der Pay Performance-Sensitivität indirekt die Anreize zur Bilanzmanipulation zu senken. Bei unternehmensbezogenen Strafen können die Arbeitsanreize durch eine höhere Pay Performance-Sensitivität reduziert werden, während sie bei personenbezogenen Strafen erhöht werden.

Zu 3.: Durch eine höhere Arbeitsproduktivität ergibt sich bei gegebenem Arbeitseinsatz nicht nur ein zusätzlicher Nutzen, sondern es steigen gleichzeitig auch die gleichgewichtigen Kosten aus dem Arbeitseinsatz $k_a = \frac{\beta_a^2 \cdot \gamma^2}{2 \cdot c_a}$. Der Nutzenzuwachs ist allerdings immer positiv, wodurch die Eigentümer bei einer höheren Produktivität auch höhere Arbeitsanreize durch eine höhere Pay Performance-Sensitivität im Entlohnungsvertrag festlegen. Die Anreize, Earnings Management zu betreiben, sind nicht direkt abhängig von der Produktivität. Sie steigen aber indirekt durch die erhöhte Pay Performance-Sensitivität an. Eine höhere Produktivität hat daher nicht nur positive Auswirkungen durch einen höheren Arbeitseinsatz a, sondern auch negative Auswirkungen, da der Manager vermehrt Bilanzpolitik betreibt.

Zu 4.: Wenn die Unsicherheit über die beobachtete Gewinninformation steigt ($\sigma_{\varepsilon_1}^2 \uparrow$), dann ist die Qualität der Informationen, die aus dem internen Rechnungswesen stammen, gering und die gegebene Pay Performance-Sensitivität führt zu einem zu hohen Risiko auf Seiten des Managers. Es wird zu teuer, den Manager zu einem hohen Arbeitseinsatz zu bewegen und der Manager senkt als Antwort die Pay Performance-Sensitivität im Gleichgewicht. Der zweite Effekt über die Wertrelevanz hat allerdings eine gegensätzliche Wirkung. Wenn die Unsicherheit über die Wertrelevanz der beobachteten Gewinninformationen steigt, ist die neue Gewinninformation weniger werthaltig und die Eigentümer müssen dem Manager höhere Erfolgsanreize durch eine höhere Pay Performance-Sensitivität gewähren. Welcher Effekt dominiert, kann nicht eindeutig beantwortet werden, sondern hängt von der Parameterkonstellation ab. Die beiden Effekte haben in der entsprechenden Weise Einfluss auf das Earnings Management-Verhalten, da diese positiv abhängig ist von der Pay Performance-Sensitivität. Das Earnings Management-Verhalten wird allerdings zusätzlich von der Wertrelevanz der Gewinninformation tangiert. Wie oben beschrieben, führt eine steigende Unsicherheit der beobachteten Gewinninformation zu einer geringeren Wertrelevanz des Berichts m. Wenn die Wertrelevanz sinkt, sinken ebenfalls die Anreize, den Finanzbericht zu verzerren. Earnings Management wird also von drei Effekten bestimmt. Zwei wirken sich bei steigender Unsicherheit der Gewinninformation im Sinne der Eigentümer aus, da sie manipulationshemmend wirken, der dritte Effekt steigert die Anreize zu einer verzerrten Berichterstattung.

5.6 Zusammenfassung

Im vorliegenden Modell wird aufgezeigt, dass ein optimaler aktienbasierter Entlohnungsvertrag aus Eigentümersicht positive wie auch negative Anreize setzt. Einerseits erhöht er die produktiven Arbeitsanreize des Managers. Andererseits führt er aber auch dazu, dass der Manager verstärkt Earnings Management-Aktivitäten ausübt. Diese Arbeit zeigt auf, wie der Trade-off zwischen diesen beiden Effekten optimal im Anreizvertrag berücksichtigt werden kann und gibt eine analytische Begründung für das Misstrauen, das einer zu starken Fixierung auf aktienbasierte Entlohnungsformen insbesondere in der post Enron Ära entgegengebracht wird.

Es wird ausserdem aufgezeigt, dass die Eigentümer im Entlohnungsvertrag als Reaktion auf die im Sarbanes-Oxley Act propagierten persönlichen Strafzahlungen für den Manager reagieren, indem sie die Pay Performance-Sensitivität erhöhen und dem Manager dadurch zusätzliche Arbeits-, aber auch Manipulationsanreize geben. Im Gegensatz dazu haben unternehmensbezogene Strafen keinen direkt Einfluss auf das Earnings Management-Verhalten des Managers. Sie sind deshalb zumindest im untersuchten Setting ungeeignet, um Manipulationsanreize auf Seiten des Managers zu reduzieren. Allerdings führen höhere unternehmensbezogene Strafen zu einer Reduktion der gleichgewichtigen Pay Performance-Sensitivität, da sich die Verzerrung in diesem Fall nicht mehr nur auf die persönliche Anreizstruktur des Managers niederschlägt, sondern direkt auf den für die Eigentümer relevanten Unternehmenswert. Die Eigentümer versuchen daher, durch eine Reduktion der Pay Performance-Sensitivität indirekt die Anreize zur Bilanzmanipulation zu senken.

Neben diesen von den Standardsettern gesteuerten Faktoren wurde mittels komparativer Statik analysiert, wie unterschiedliche Parameter, die vom Manager selbst, aber auch vom internen Rechnungswesen abhängig sind, den gleichgewichtigen Anreizvertrag tangieren. Die Arbeitsproduktivität und der Risikoaversionsparameter haben beide direkten Einfluss auf die gleichgewichtige Pay Performance-Sensitivität. Beide Parameter sind von der individuellen Charakteristik des Managers abhängig und können daher ausschliesslich von ihnen selber gesteuert werden. Eine erhöhte Arbeitsproduktivität steigert die gegebene Pay Performance-Sensitivität, da sich die Manipulationsanreize des Managers nur indirekt erhöhen und die Eigentümer deshalb höhere Arbeitsanreize setzen können. Ein höherer Risikoaversionsparameter führt dagegen zu einer Absenkung der Pay Performance-Sensitivität, da es für die Eigentümer teurer wird, den Manager zu höherem Arbeitseinsatz zu bewegen und die Eigentümer daher als Antwort die erfolgsabhängige Entlohnung reduzieren.

Kapitel 6

Zusammenfassung

Der im Jahre 2002 in Kraft getretene Sarbanes-Oxley Act löste in Theorie und Praxis eine grosse Debatte über schlagkräftige Corporate Governance-Richtlinien aus. Unbestritten sind die schwerwiegenden Konsequenzen für Unternehmen, deren oberste Leitungsorgane, Wirtschaftsprüfer sowie Investoren. Die vorliegende Arbeit untersucht innerhalb eines analytischen Rahmens die Effektivität verschärfter Corporate Governance-Standards. Explizit wird deren Einfluss auf die Publizitätspolitik von Unternehmen analysiert und gezeigt, inwiefern Manager ihrer Publizitätspflicht gegenüber dem Kapitalmarkt nachkommen und ermittelt, welche Folgen die in dieser Analyse aufgezeigten Ineffizienzen auf die Marktkapitalisierung von Unternehmen haben. Um diese Fragen beantworten zu können, wird zwischen freiwillig zu publizierenden Informationen und Informationen, deren Veröffentlichung gesetzlich vorgeschrieben ist, unterschieden. Es wird analysiert, wie die Publizitätspolitik von den Anreizen der Manager, Earnings Management zu betreiben, abhängt, welchen Einfluss der Kapitalmarkt besitzt und wie Eigentümer durch einen optimalen Entlohnungsvertrag ihre Ansprüche geltend machen können.

Ausgehend von einem freiwilligen Publizitätssetting werden Ergebnisse in Bezug auf die Beziehung zwischen Geschäftsleitung und dem Kapitalmarkt hergeleitet, indem das Spannungsfeld zwischen Informationsverzerrungs-Anreizen der Manager und einer möglichst guten Informationsversorgung des Kapitalmarkts analysiert wird. Es wird gezeigt, dass strengere Standards Manager tatsächlich motivieren, wahrheitsgemässer zu publizieren, auch wenn die Verzerrungsanreize nur reduziert werden und nicht gänzlich verschwinden. Der Grund ist darin zu suchen, dass Manager durch strengere Standards ein höheres Risiko und folglich höhere Kosten zu tragen haben, wodurch die Verzerrungsaktivitäten im Gleichgewicht reduziert werden. Zusätzlich wird gezeigt, dass strengere Standards dazu führen, dass Manager auch relativ schlechte Informationen veröffentlichen, wodurch die Informationsversorgung des Marktes verbessert und die Informationsasymmetrie zwischen Managern und dem Kapitalmarkt reduziert wird. Strengere Standards führen daher durchwegs zu positiven Publizitätsanreizen. Ausserdem ist dieser Weg nicht nur aus Sicht der Investoren und des Gesetzgebers vorteilhaft, sondern auch die Manager selbst profitieren von den geringeren Verzerrungsanreizen. Sie können glaubhafter gegenüber dem Kapitalmarkt auftreten, wodurch sich die mit der Berichtsverzerrung verbundenen Kosten reduzieren. Manager haben sowohl ex-ante als auch ex-post keine Anreize, Informationen zu verzerren, da sie antizipieren, dass der Kapitalmarkt die betriebene Verzerrung perfekt antizipiert und daher keinen überhöhten Marktpreis bildet. Zusätzlich müssen die Manager die durch die Verzerrung verbundenen Kosten tragen. Daher sind die Manager interessiert, dem Kapitalmarkt gegenüber glaubhaft zu machen, dass ihre Berichterstattung möglichst wahrheitsgemäss ist. Eine Verbesserung der Glaubwürdigkeit erlangen die Manager allerdings nur über exogene Parameter, wie strengere Standards oder ein aktienbasiertes Entlohnungssystem.

Ein weiteres Ergebnis betrifft die aktienbasierte Entlohnung. Es zeigt auf, dass durch diese Form der Entlohnung der ungewollte Effekt eintritt, dass die Verzerrungsanreize der Manager erhöht werden. Zusätzlich werden nur relativ gute Informationen veröffentlicht, da mit den stärkeren Verzerrungsanreizen auch höhere Kosten für die Manager verbunden sind. Wenn Manager ein beobachtetes informatives Signal publizieren, dann ist bei stark aktienbasierter Entlohnung dieser Bericht zwar stark verzerrt, die Preisbildungsfähigkeit der

Investoren bleibt aber wiederum unberührt.

In Bezug auf die Anreize der Manager, unternehmenswertrelevante Informationen zu generieren, bevorzugen es die Manager, unwissend zu bleiben und keine weiteren Informationen zu erlangen. Der Grund ist darin zu suchen, dass die Manager den negativen Einfluss auf den Aktienpreis antizipieren, wenn sie einen hohen Arbeitseinsatz leisten und zusätzliche Informationen erlangen, diese aber nicht publizieren. Sogar wenn der Arbeitseinsatz kostenlos ist, haben Manager keine Anreize, zusätzliche aber möglicherweise unvorteilhafte Informationen zu generieren.

Weitere Ergebnisse fokussieren primär darauf, die Rolle des Kapitalmarktes innerhalb der Corporate Governance-Debatte zu beleuchten. Wurde bisher davon ausgegangen, dass alle im Kapitalmarkt vertretenen Investoren über die gleiche Informationsausstattung verfügen, so wird hier dazu übergegangen, einen Kapitalmarkt zu analysieren, in dem zumindest einige Investoren über Insiderinformationen verfügen. Sie können die gewählte Informationsverzerrung der Manager direkt beobachten, woraus sich ein überraschendes Ergebnis ergibt. Durch die Insider reduzieren sich die Anreize der Manager zur Informationsverzerrung. Daher erhöht sich die Transparenz der freiwilligen Finanzberichterstattung, wenn besser informierte Investoren im Markt vertreten sind, und Manager gegenüber den Insidern keine Verzerrungsanreize besitzen.

Die bisherigen Ergebnisse analysieren primär das Beziehungsgeflecht zwischen Managern und dem Kapitalmarkt, welche Publizitäts-(fehl-)anreize die Manager besitzen und wie diese durch unterschiedliche Mechanismen möglichst eliminiert werden können. Daneben wird auch innerhalb des freiwilligen Publizitätsettings ein Interessenkonflikt zwischen Managern und Eigentümern aufgezeigt, der durch aktienbasierte Entlohnung hervorgerufen wird. Dessen Anreize, bestimmte Informationen im Sinne der Eigentümer zu publizieren, werden durch die Möglichkeit, Bilanzpolitik zu betreiben, nämlich umso geringer, je stärker deren Entlohnung aktienbasiert ist. Eigentümer müssen sich daher bewusst sein, dass eine aktienbezogene Entlohnung die

Anreize von Managern, in ihrem Sinne bestimmte Informationen freiwillig zu publizieren, negativ beeinträchtigt. Durch strengere Standards kann der Gesetzgeber diesem Zielkonflikt allerdings entgegenwirken und ihn zumindest eindämmen. Der Zielkonflikt wird im zweiten Schwerpunkt der Arbeit explizit modelliert. Durch ein Agency-Modell wird ein optimaler Anreizvertrag bestimmt und es wird ein gleichgewichtiger Anreizvertrag unter expliziter Berücksichtigung von Earnings Management-Aktivitäten herausgearbeitet.

Im Zentrum der analytischen Modellierung des zweiten Schwerpunkts (Kapitel 5) steht die optimale Ausgestaltung eines gleichgewichtigen aktienbezogenen Entlohnungsvertrags unter Berücksichtigung des Earnings Management-Verhaltens von Managern. Dieser Vertrag soll daher im Gegensatz zu den Standard Prinzipal-Agenten Modellen nicht nur einen möglichst hohen produktiven Arbeitseinsatz der Manager induzieren, sondern auch mögliche Manipulationsanreize der Manager mit berücksichtigen. Im Gegensatz zum ersten Schwerpunkt (Kapitel 4) werden allerdings nicht freiwillig zu publizierende, sondern gesetzlich zu publizierende Informationen analysiert. Dadurch entfällt die Wahlmöglichkeit auf Seiten des Managers, einen Bericht überhaupt zu veröffentlichen.

Es wird aufgezeigt, dass ein optimaler aktienbasierter Entlohnungsvertrag positive wie auch negative Anreize setzt. Einerseits erhöht er die produktiven Arbeitsanreize der Manager. Andererseits führt er aber auch zum ungewollten Effekt, dass Manager verstärkt Earnings Management-Aktivitäten ausüben. Diese Arbeit zeigt auf, wie der Trade-off zwischen diesen beiden Effekten optimal in einem Anreizvertrag berücksichtigt werden kann und gibt eine analytische Begründung für das Misstrauen, das einer zu starken Fixierung auf aktienbasierten Entlohnungsform insbesondere in der post Enron Ära entgegengebracht wird. Earnings Management kann daher als Erklärung für die Differenz zwischen der von Jensen und Murphy (1990) und Murphy (1999) empirisch gemessene Pay Performance-Sensitivität und der theoretisch vorhergesagten Pay Performance-Sensitivität herangezogen werden.

Es wird ausserdem aufgezeigt, wie die Eigentümer die Ausgestaltung der

Entlohnungsverträge in Reaktion auf die im Sarbanes-Oxley Act propagierten persönlichen Strafzahlungen für die Manager ändern sollten. Sie erhöhen die Pay Performance-Sensitivität, wodurch die Manager zusätzliche Arbeits-, aber auch Manipulationsanreize erhalten. Dagegen haben unternehmensbezogene Strafen keinen direkten Einfluss auf das Earnings Management-Verhalten von Managern. Sie sind deshalb im untersuchten Rahmen ungeeignet, um die Manipulationsanreize der Manager zu reduzieren. Unternehmensbezogene Strafen senken aber die gleichgewichtige Pay Performance-Sensitivität, da sich die Verzerrung in diesem Fall nicht mehr nur auf die persönliche Anreizstruktur der Manager niederschlägt, sondern direkt auf den für die Eigentümer relevanten Unternehmenswert. Die Eigentümer senken daher durch eine Reduktion der Pay Performance-Sensitivität indirekt die Anreize zur Bilanzmanipulation.

Die Ergebnisse der vorliegenden Arbeit sollen dem Gesetzgeber helfen, die Implikationen von Standards auf die Bilanzpolitik von Unternehmen in die Planung mit einzubeziehen. Die Ergebnisse können primär bei der Ausgestaltung neuer Bilanzierungsrichtlinien herangezogen werden, um mögliche negative Effekte ex-ante erkennen und eliminieren zu können. Ausserdem kann durch diese Analysen die teilweise von der jeweiligen Interessenlage geprägte Corporate Governance-Debatte auf einen objektiven Rahmen gestellt werden. Es werden Faktoren und Mechanismen aufgedeckt, welche die Publizitätspolitik von Unternehmen verbessern können.

Anhang A

Nachweis eines eindeutigen Publizitätsgleichgewichts

Die Existenz eines eindeutigen Schwellenwerts x^* ist bewiesen, wenn gezeigt werden kann, dass die Gleichgewichtsbedingung (4.22)

$$F(x^*) \quad = \quad \frac{\sigma_u^2}{\sigma_y^2}[x^* - \mu_u] + \frac{\sigma_u^2 \cdot g(x^*)}{G(x^*)} \tag{A.1}$$

positiv, stetig und steigend in x^* ist, und ausserdem $\lim_{x^* \to -\infty} F(x^*) \to 0$ sowie $\lim_{x^* \to +\infty} F(x^*) \to \infty$ gilt. Um diesen Beweis zu führen, müssen die nachfolgend in Schritt 1 aufgeführten Eigenschaften der bedingten Varianz $var(\tilde{u}|\tilde{y} \leq x)$ angewendet werden.

Schritt 1: $var(\tilde{u}|\tilde{y} \leq x)$ folgt bekannten Resultaten bezüglich der Verteilung einer normalverteilten Zufallsvariablen [vgl. Greene (2003), S. 781]

$$var(\tilde{u}|\tilde{y} \leq x) \quad = \quad \sigma_u^2 - \left[\frac{\sigma_u^2 \cdot g(x)}{G(x)}\right]^2 - \frac{(\sigma_u^2)^2}{\sigma_y^2} \cdot \frac{g(x)}{G(x)}[x - \mu_u]. \tag{A.2}$$

$var(\tilde{u}|\tilde{y} \leq x)$ besitzt die folgenden Eigenschaften:

1. $\frac{\sigma_u^2 \cdot \sigma_\varepsilon^2}{\sigma_y^2} \leq var(\tilde{u}|\tilde{y} \leq x) \leq \sigma_u^2$

2. $\frac{\partial var(\tilde{u}|\tilde{y} \leq x)}{\partial x} > 0$

3. $\lim\limits_{x\to-\infty} var(\tilde{u}|\tilde{y} \leq x) \to \frac{\sigma_u^2 \cdot \sigma_\varepsilon^2}{\sigma_y^2}$

4. $\lim\limits_{x\to+\infty} var(\tilde{u}|\tilde{y} \leq x) \to \sigma_u^2$

Die Eigenschaften 1, 3, und 4 folgen aus bekannten Ergebnissen bezüglich der Verteilung einer normalverteilten Zufallsvariablen [vgl. Heckman (1979)]. Die Eigenschaft 2 wird von Sampford (1953) bewiesen. Alle Eigenschaften finden sich auch in Verrecchia (1983), S. 187f. wieder.

Schritt 2: Es wird (A.2) in (A.1) substituiert und zu

$$F(x^*) = \left[\sigma_u^2 - var(\tilde{u}|\tilde{y} \leq x^*)\right] \cdot \frac{G(x^*)}{g(x^*) \cdot \sigma_u^2} \tag{A.3}$$

umgeformt. Dadurch werden die folgenden Ergebnisse sichtbar:

1. Es folgt aus (A.3) und Eigenschaft 1, dass $F(x^*)$ nicht negativ sein kann.

2. $F(x^*)$ ist streng monoton steigend in x^*, da $F'(x^*) \geq 0$.
   Beweis: $F'(x^*)$ kann aus Gleichung (A.1) berechnet werden. Dies führt unter Beachtung von $\sigma_y^2 = \sigma_u^2 + \sigma_\varepsilon^2$ zu

$$F'(x^*) = \frac{\sigma_u^2}{\sigma_y^2} + \frac{var(\tilde{u}|\tilde{y} \leq x^*) - \sigma_u^2}{\sigma_u^2} \tag{A.4}$$

$$= \frac{1}{\sigma_u^2}\left[var(\tilde{u}|\tilde{y} \leq x^*) - \frac{\sigma_u^2 \cdot \sigma_\varepsilon^2}{\sigma_y^2}\right]. \tag{A.5}$$

   Aus Eigenschaft 1 ist bekannt, dass $var(\tilde{u}|\tilde{y} \leq x^*) \geq \frac{\sigma_u^2 \cdot \sigma_\varepsilon^2}{\sigma_y^2}$ gilt, wodurch der Beweis für $F'(x^*) \geq 0$ erbracht ist.

3. Es gilt $\lim\limits_{x^*\to-\infty} F(x^*) \to 0$, was aus (A.3) und Eigenschaft 3 folgt

$$\begin{aligned} \lim_{x^*\to-\infty} F(x^*) &= \lim_{x^*\to-\infty} [\sigma_u^2 - var(\tilde{u}|\tilde{y} \leq x^*)] \cdot \lim_{x^*\to-\infty} \left[\frac{G(x^*)}{g(x^*) \cdot \sigma_u^2}\right] \\ &= \frac{(\sigma_u^2)^2}{\sigma_y^2} \cdot 0 \\ &= 0 \end{aligned}$$

Der Beweis für dieses Ergebnis wird ausserdem in Verrecchia (1983), S. 189 geführt.

4. Es gilt $\lim_{x^* \to +\infty} F(x^*) \to \infty$, was aus (4.22) folgt

$$\begin{aligned}
\lim_{x^* \to +\infty} F(x^*) &= \lim_{x^* \to +\infty} \left[(x^* - \mu_u) \cdot \frac{\sigma_u^2}{\sigma_y^2} \right] + \lim_{x^* \to +\infty} \left[\frac{\sigma_u^2 \cdot g(x^*)}{G(x^*)} \right] \\
&= \lim_{x^* \to +\infty} \left[(x^* - \mu_u) \cdot \frac{\sigma_u^2}{\sigma_y^2} \right] + \frac{\sigma_u^2 \cdot 0}{1} \\
&= +\infty.
\end{aligned}$$

Der Beweis für dieses Ergebnis wird ausserdem in Verrecchia (1983), S. 189 geführt.

Anhang B

Beweis von Lemma 5

B.1 Herleitung von $\frac{dx^*}{dp}$

Durch Anwendung des impliziten Funktionentheorems kann bewiesen werden, dass $\frac{dx^*}{dp} < 0$ gilt. Das implizite Funktionentheorem besagt, dass

$$\frac{dx^*}{dp} = -\frac{\frac{\partial T_1}{\partial p}}{\frac{\partial T_1}{\partial x^*}} \tag{B.1}$$

gilt. T_1 entspricht der Gleichgewichtsbedingung (4.21) mit

$$T_1 \; : \; x^* - \mu_u - 0.5 \cdot b^* + \frac{p \cdot \sigma_y^2 \cdot g(x^*)}{1 - p + p \cdot G(x^*)} = 0.$$

Die Herleitung des Zählers auf der rechten Seite von (B.1) ergibt

$$\begin{aligned} \frac{\partial T_1}{\partial p} &= \frac{\sigma_y^2 \cdot g(x^*)[1 - p + p \cdot G(x^*)] - p \cdot \sigma_y^2 \cdot g(x^*) \cdot -[1 - G(x^*)]}{[1 - p + p \cdot G(x^*)]^2} \\ &= \frac{\sigma_y^2 \cdot g(x^*)}{[1 - p + p \cdot G(x^*)]^2}. \end{aligned} \tag{B.2}$$

Die Herleitung des Nenners auf der rechten Seite von (B.1) ergibt[1]

$$\begin{aligned}
\frac{\partial T_1}{\partial x^*} &= 1 + \frac{p \cdot \sigma_y^2 \cdot \overbrace{g'(x^*)}^{=(B.3)}[1-p+p\cdot G(x^*)] - p\cdot\sigma_y^2 \cdot g(x^*)\cdot p \cdot g(x^*)}{[1-p+p\cdot G(x^*)]^2} \\
&= \frac{[1-p+p\cdot G(x^*)]^2 + p\cdot\sigma_y^2\cdot g'(x^*)[1-p+p\cdot G(x^*)]}{[1-p+p\cdot G(x^*)]^2} \\
&\quad - \frac{\sigma_y^2 \cdot p^{*2} \cdot g(x^*)^2}{[1-p+p\cdot G(x^*)]^2} \\
&= \frac{[1-p+pG(x^*)]^2 + p\sigma_y^2 g(x)\left[\frac{pg(x)}{1-p+p\cdot G(x^*)} - \frac{b}{2\sigma_y^2}\right][1-p+pG(x^*)]}{[1-p+p\cdot G(x^*)]^2} \\
&\quad - \frac{\sigma_y^2 \cdot p^{*2} \cdot g(x^*)^2}{[1-p+p\cdot G(x^*)]^2} \\
&= \frac{[1-p+pG(x^*)]^2 - \frac{b\cdot p\cdot g(x^*)[1-p+pG(x^*)]}{2}}{[1-p+p\cdot G(x^*)]^2}. \qquad \text{(B.4)}
\end{aligned}$$

Durch Substitution von $p \cdot g(x^*)$ aus (4.5) in (B.4) folgt

$$\begin{aligned}
\frac{\partial T_1}{\partial x^*} &= \frac{[1-p+pG(x^*)]^2 - \frac{b\cdot[\mu_u - P^{ND}][1-p+pG(x^*)]^2}{2\sigma_u^2}}{[1-p+p\cdot G(x^*)]^2} \\
&= 1 - \frac{b}{2\sigma_u^2}\cdot[\mu_u - P^{ND}]. \qquad \text{(B.5)}
\end{aligned}$$

Die Substitution von $\frac{b^*}{2\sigma_u^2} = \frac{s}{2\cdot\sigma_y^2\cdot c}$ in (B.5) führt zu

$$\frac{\partial T_1}{\partial x^*} = \frac{2\cdot\sigma_y^2\cdot c - s\cdot[\mu_u - P^{ND}]}{2\cdot\sigma_y^2\cdot c}. \qquad \text{(B.6)}$$

[1] Für $\frac{\partial T_1}{\partial x^*}$ kann der folgende Zusammenhang genutzt werden:

$$g'(x) = -g(x)\cdot\left[\frac{x-\mu_u}{\sigma_y^2}\right] = -g(x)\cdot\left[-\frac{pg(x)}{1-p+p\cdot G(x^*)} + \frac{b}{2\sigma_y^2}\right]. \qquad \text{(B.3)}$$

Einsetzen von (B.2) und (B.6) in (B.1) führt zum Ergebnis

$$\frac{dx^*}{dp} = \frac{\sigma_y^2 \cdot g(x^*)}{[1-p+pG(x^*)]^2 \underbrace{\left[\frac{s \cdot [\mu_u - P^{ND}] - 2 \cdot c \cdot \sigma_y^2}{2 \cdot c \cdot \sigma_y^2}\right]}_{\gtrless 0?}}. \tag{B.7}$$

Es ist nicht direkt erkennbar, ob der Term in der eckigen Klammer von (B.7) positiv oder negativ ist, was durch „$\gtrless 0$?“ angedeutet wird. Der Beweis, dass dieser Term negativ ist und somit $\frac{dx^*}{dp} < 0$ gilt, wird in Abschnitt B.2 erbracht.

B.2 Beweis, dass $\frac{dx^*}{dp} < 0$

Es wird bewiesen, dass die aus (B.6) abgeleitete Ungleichung

$$\frac{\partial T_1}{\partial x^*} = 1 - \frac{s \cdot [\mu_u - P^{ND}]}{2 \cdot \sigma_y^2 \cdot c} > 0 \tag{B.8}$$

gilt. Da die Bedingung $\mu_u > P^{ND}$ gilt und $\frac{\partial T_1}{\partial x^*} > 0$ bewiesen werden soll, muss gezeigt werden, dass $s \cdot [\mu_u - P^{ND}] < 2 \cdot \sigma_y^2 \cdot c$ ist.

Es gibt zwei gegensätzliche Kräfte, die auf (B.8) wirken. Wenig strenge Rechnungslegungsstandards (kleine Werte von c) führen zu hohen Kosten k_b. Dadurch erhöht sich der Schwellenwert x^* und der Manager publiziert nur die Informationen, die mindestens die Kosten k_b decken. Als Folge wird der Markt mit weniger Informationen versorgt. Da x^* steigt, wird es attraktiver ein erhaltenes Signal y nicht zu publizieren. Der Preis P^{ND} steigt und $s \cdot [\mu_u - P^{ND}]$ sinkt. Damit ist c sowohl mit $s \cdot [\mu_u - P^{ND}]$ als auch mit $2 \cdot \sigma_y^2 \cdot c$ positiv korreliert. Folglich muss gezeigt werden, welcher der beiden Effekte dominiert, um (B.8) zu beweisen.

Auf den ersten Blick erscheint es wahrscheinlich, dass $s \cdot [\mu_u - P^{ND}] - 2 \cdot \sigma_y^2 \cdot c$ positiv ist, wenn $c \to 0$ strebt und deshalb $\lim_{c \to 0} [2 \cdot \sigma_y^2 \cdot c] \to 0$ gilt. c tangiert allerdings sowohl den Schwellenwert x^* und hat über den beschriebenen indirekten Effekt zusätzlich Einfluss auf $s \cdot [\mu_u - P^{ND}]$. Daher ist der Preis P^{ND} streng monoton sinkend und konkav in p. Folglich muss $s \cdot [\mu_u - P^{ND}]$ streng monoton steigend und konvex in p sein, und nimmt für $p = 1$ den maximalen Wert an. Dieser Zusammenhang wird in Abbildung B.1 graphisch dargestellt. Wenn also bewiesen werden kann, dass die Ungleichung

$$s \cdot [\mu_u - P^{ND}]|_{p=1} - 2 \cdot \sigma_y^2 \cdot c < 0 \tag{B.9}$$

für $p = 1$ erfüllt ist, dann gilt sie ebenfalls für alle anderen $p \in [0, 1]$ und es wäre der Beweis für $\frac{dx^*}{dp} < 0$ erbracht.

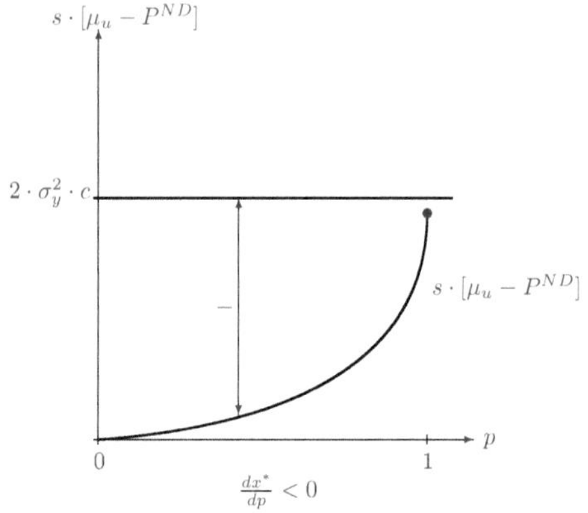

Abbildung B.1: Abbildung von $s \cdot [\mu_u - P^{ND}]$ und $2 \cdot \sigma_y^2 \cdot c$

Durch Substitution von $p = 1$ in Ungleichung (B.8) vereinfacht sich diese zu

$$\frac{s \cdot \sigma_u^2 \cdot g(x^*)}{2 \cdot c \cdot \sigma_y^2 \cdot G(x^*)} < 1, \tag{B.10}$$

und die Gleichgewichtsbedingung (4.21) vereinfacht sich zu

$$\frac{\sigma_u^2}{\sigma_y^2} \cdot (x^* - \mu_u) + \frac{\sigma_u^2 \cdot g(x^*)}{G(x^*)} \stackrel{!}{=} \frac{s \cdot \sigma_u^2}{2 \cdot c \cdot \sigma_y^2} \cdot \frac{\sigma_u^2}{\sigma_y^2}. \tag{B.11}$$

Sie stimmt nun mit der Gleichgewichtsbedingung (4.22) überein. Durch Einsetzen von (B.11) in (A.3) und durch Umformung der enthaltenen Terme ergibt sich

$$\left[\sigma_u^2 - var(u|y \leq x^*)\right] \cdot \frac{\sigma_y^2}{\sigma_u^4} \stackrel{!}{=} \underbrace{\frac{s \cdot \sigma_u^2 \cdot g(x^*)}{2 \cdot c \cdot \sigma_y^2 \cdot G(x^*)}}_{=\text{LHS von (B.10)}} . \tag{B.12}$$

Die linke Seite von (B.12) ist negativ verbunden mit $var(u|y \leq x^*)$ und nimmt für $var(u|y \leq x^*) = \frac{\sigma_u^2 \cdot \sigma_\varepsilon^2}{\sigma_y^2}$ den maximalen Wert an. Dieses Ergebnis folgt aus Eigenschaft 2 in Anhang A. Die Substitution der unteren Grenze $\frac{\sigma_u^2 \cdot \sigma_\varepsilon^2}{\sigma_y^2}$ in (B.12) führt zur folgenden Ungleichung, die von der Gleichgewichtsbedingung erfüllt sein muss

$$1 \geq \frac{s \cdot \sigma_u^2 \cdot g(x^*)}{2 \cdot c \cdot \sigma_y^2 \cdot G(x^*)}. \tag{B.13}$$

Durch dieses Ergebnis kann geschlossen werden, dass die rechte Seite von der Gleichgewichtsbedingung (B.11) nie grösser wird als 1. Daher folgt (B.9)<0, $\frac{\partial T_1}{\partial x^*} > 0$ und letztendlich muss $\frac{dx^*}{dp} < 0$ gelten. Q.E.D.

Anhang C

Ex-ante Erwartungswert von $E(U^{Discl}|y \geq x^*)$

Die allgemeine Berechnungsformel des ex-ante Erwartungswerts $E(U^{Discl}|y \geq x^*)$ findet sich in Greene (2003), S. 781.

$$\begin{aligned} E(U^{Discl}|y \geq x^*) &= E(s \cdot \hat{P}^{Discl} - \frac{c \cdot b^{*2}}{2}|y \geq x^*) \\ &= E(s \cdot \hat{P}^{Discl} - \frac{c \cdot b^{*2}}{2}) \\ &\quad +\rho \cdot \sqrt{var(s \cdot \hat{P}^{Discl} - \frac{c \cdot b^{*2}}{2})} \cdot \frac{\sigma_y \cdot g(x^*)}{1 - G(x^*)} \end{aligned} \tag{C.1}$$

mit

- $$\begin{aligned} E(s \cdot \hat{P}^{Discl} - \frac{c \cdot b^{*2}}{2}) &= E(s \cdot (\mu_u + \frac{\sigma_u^2}{\sigma_y^2}(\tilde{y} + b^* - \mu_u - b^*)) - \frac{c \cdot b^{*2}}{2}) \\ &= s \cdot \mu_u - \frac{c \cdot b^{*2}}{2} \end{aligned} \tag{C.2}$$

- $$\rho = \frac{cov[s \cdot \hat{P}^{Discl} - \frac{c \cdot b^{*2}}{2}, \tilde{y}]}{\sqrt{var[s \cdot \hat{P}^{Discl} - \frac{c \cdot b^{*2}}{2}]} \cdot \sigma_y} \tag{C.3}$$

- $$cov[s \cdot \hat{P}^{Discl} - \frac{c \cdot b^{*2}}{2}, \tilde{y}]$$
$$\begin{aligned} &= cov[s(\mu_u + \frac{\sigma_u^2}{\sigma_y^2}(\tilde{y} + b^* - \mu_u - b^*)) - \frac{c \cdot b^{*2}}{2}, \tilde{y}] \\ &= \frac{1}{2}\left[var[s(\mu_u + \frac{\sigma_u^2}{\sigma_y^2}(\tilde{y} - \mu_u)) - \frac{c \cdot b^{*2}}{2} + \tilde{y}]\right. \\ &\left. -var[s(\mu_u + \frac{\sigma_u^2}{\sigma_y^2}(\tilde{y} - \mu_u)) - \frac{c \cdot b^{*2}}{2}] - \sigma_y^2\right] \\ &= \frac{1}{2}\left[var[s\frac{\sigma_u^2}{\sigma_y^2}\tilde{y} + \tilde{y}] - var[s\frac{\sigma_u^2}{\sigma_y^2}\tilde{y}] - \sigma_y^2\right] \\ &= \frac{1}{2}\left[[s\frac{\sigma_u^2}{\sigma_y^2} + 1]^2 \cdot \sigma_y^2 - [s\frac{\sigma_u^2}{\sigma_y^2}]^2 \cdot \sigma_y^2 - \sigma_y^2\right] \\ &= s \cdot \sigma_u^2 \end{aligned} \tag{C.4}$$

- $$\begin{aligned} var[s \cdot \hat{P}^{Discl} - \frac{c \cdot b^{*2}}{2}] &= var[s \cdot (\mu_u + \frac{\sigma_u^2}{\sigma_y^2}(\tilde{y} + b^* - \mu_u - b^*)) - \frac{c \cdot b^{*2}}{2}] \\ &= var[s \cdot \frac{\sigma_u^2}{\sigma_y^2}\tilde{y}] \\ &= \frac{[s \cdot \sigma_u^2]^2}{\sigma_y^2} \end{aligned} \tag{C.5}$$

Durch Substitution von (C.4) und (C.5) in (C.3) folgt

$$\rho = \frac{s \cdot \sigma_u^2}{\sqrt{\frac{[s \cdot \sigma_u^2]^2}{\sigma_y^2}} \cdot \sigma_y} = 1. \tag{C.6}$$

Durch Substitution von (C.2), (C.5) und (C.6) in (C.1) folgt

$$\begin{aligned} E(U^{Discl}|y > x^*) &= s \cdot \mu_u - \frac{c \cdot b^{*2}}{2} + 1 \cdot \sqrt{\frac{(s \cdot \sigma_u^2)^2}{\sigma_y^2}} \cdot \frac{\sigma_y \cdot g(x^*)}{1 - G(x^*)} \\ &= s \cdot \mu_u - \frac{c \cdot b^{*2}}{2} + s \cdot \sigma_u^2 \cdot \frac{g(x^*)}{1 - G(x^*)}. \end{aligned} \tag{C.7}$$

Anhang D

Publizitätsanreize der Manager

Der Manager ist indifferent, ob er ein privat beobachtetes Signal y veröffentlichen oder zurückhalten soll, wenn die folgende Bedingung erfüllt ist:

$$\begin{aligned} U_{\varnothing}^{ND} &= U_{\varnothing}^{Discl} \qquad \text{(D.1)} \\ (1-q_i)\cdot s\cdot \hat{P}_o^{ND} + q_i\cdot s\cdot \hat{P}_i^{ND} &= (1-q_i)\cdot s\cdot \hat{P}_o^{Discl} + q_i\cdot s\cdot \hat{P}_i^{Discl} - \frac{c\cdot b_i^2}{2}, \end{aligned}$$

$$\begin{aligned} \text{mit } \hat{P}_t^{ND} &= \mu_u - \frac{p\cdot\sigma_u^2\cdot g(x_t)}{1-p+pG(x_t)} \text{ mit } t\in\{i,o\} \qquad \text{(D.2)} \\ \hat{P}_o^{Discl} &= \mu_u + \frac{\sigma_u^2}{\sigma_y^2}(m-\mu_u-\hat{b}_i) \qquad \text{(D.3)} \\ \hat{P}_i^{Discl} &= \mu_u + \frac{\sigma_u^2}{\sigma_y^2}(m-\mu_u-b_i). \qquad \text{(D.4)} \end{aligned}$$

Dann gilt

$$\begin{aligned}
(1-q_i) &\cdot s\cdot\left[\mu_u-\frac{p\cdot\sigma_u^2\cdot g(x_o)}{1-p+pG(x_o)}\right]+q_i\cdot s\cdot\left[\mu_u-\frac{p\cdot\sigma_u^2\cdot g(x_i)}{1-p+pG(x_i)}\right]\\
&= (1-q_i)\cdot s\cdot\left[\mu_u+\frac{\sigma_u^2}{\sigma_y^2}(m-\mu_u-\hat{b}_i)\right]\\
&\quad +q_i\cdot s\cdot\left[\mu_u+\frac{\sigma_u^2}{\sigma_y^2}(m-\mu_u-b_i)\right]-\frac{c\cdot b_i^2}{2}\\
(1-q_i) &\cdot -\frac{p\cdot\sigma_u^2\cdot g(x_o)}{1-p+pG(x_o)}+q_i\cdot-\frac{p\cdot\sigma_u^2\cdot g(x_i)}{1-p+pG(x_i)}\\
&= (1-q_i)\cdot\frac{\sigma_u^2}{\sigma_y^2}(m-\mu_u-\hat{b}_i)+q_i\cdot\frac{\sigma_u^2}{\sigma_y^2}(m-\mu_u-b_i)-\frac{c\cdot b_i^2}{2s}\\
-(1-q_i) &\cdot \frac{p\cdot\sigma_y^2\cdot g(x_o)}{1-p+pG(x_o)}-q_i\cdot\frac{p\cdot\sigma_y^2\cdot g(x_i)}{1-p+pG(x_i)}\\
&= m-\mu_u-(1-q_i)\cdot\hat{b}_i-q_i\cdot b_i-\frac{c\cdot b_i^2\cdot\sigma_y^2}{2\cdot s\cdot\sigma_u^2}.
\end{aligned}$$

Der Manager beobachtet das private Signal y und wählt zusätzlich die Verzerrung b_i. Daher muss $m = y + b_i$ gelten. Ausserdem ist aus Abschnitt 4.5.1 bekannt, dass im Gleichgewicht die antizipierte Verzerrung $\hat{b}_i$ und die tatsächliche Verzerrung b_i übereinstimmen. Deshalb muss gelten

$$-(1-q_i)\frac{p\cdot\sigma_y^2\cdot g(x_o)}{1-p+pG(x_o)}-q_i\frac{p\cdot\sigma_y^2\cdot g(x_i)}{1-p+pG(x_i)}=y-\mu_u-\frac{b_i\cdot(1-q_i)}{2}. \quad (D.5)$$

Anhang E

Beweis von Lemma 13

Herleitung der Ergebnisse der komparativen Statik der exogenen Parameter c_b, ψ, γ und $\sigma^2_{\varepsilon_1}$, mit

$$\begin{aligned}
\beta_d &= \frac{\gamma^2 \cdot p_b \cdot c_b - \psi \cdot \beta_P \cdot c_a}{\rho \cdot \beta_P^2 \cdot [\sigma^2_{u_1} + \sigma^2_{\varepsilon_1}] \cdot c_a \cdot p_b \cdot c_b + \gamma^2 \cdot p_b \cdot c_b + \beta_P^2 \cdot c_a}, \\
b^* &= \frac{\beta_d \cdot \beta_P}{p_b \cdot c_b}, \\
a^* &= \frac{\beta_d \cdot \gamma}{c_a}.
\end{aligned}$$

zu 1: Komparative Statik in Bezug auf die Strafzahlung bei Aufdeckung der Manipulation c_b

$$\begin{aligned}
\frac{d\beta_d}{dc_b} &= \frac{p_b \cdot \beta_P \cdot c_a \cdot [\beta_P \cdot \gamma^2 + \psi \cdot \beta_P^2 \cdot c_a \cdot \rho \cdot \sigma_y^2 + \psi \cdot \gamma^2]}{(\rho \cdot \beta_P^2 \cdot \sigma_y^2 \cdot c_a \cdot p_b \cdot c_b + \gamma^2 \cdot p_b \cdot c_b + \beta_P^2 \cdot c_a)^2} > 0 \\
\frac{db}{dc_b} &= \frac{\partial b}{\partial \beta_d} \cdot \frac{\partial \beta_d}{\partial c_b} + \frac{\partial b}{\partial c_b} \gtrless 0 \qquad \text{(E.1)} \\
\frac{da}{dc_b} &> 0
\end{aligned}$$

Für (E.1) gilt: Da die ersten beiden Brüche auf der rechten Seite positiv sind und der dritte Bruch negativ ist, kann die gesamte Ableitung sowohl positiv als auch negativ sein. Der in c_b steigende Arbeitseinsatz folgt ausschliesslich aus der höheren Pay Performance-Sensitivität, da p_b keinen direkten Effekt auf den Arbeitseinsatz hat.

zu 2: Komparative Statik in Bezug auf die Grenzkosten aus dem Ressourceneinsatz ψ

$$\frac{d\beta_d}{d\psi} = -\frac{\beta_P \cdot c_a}{\rho \cdot \beta_P^2 \cdot \sigma_y^2 \cdot c_a \cdot p_b \cdot c_b + \gamma^2 \cdot p_b \cdot c_b + \beta_P^2 \cdot c_a} < 0$$

$$\frac{db}{d\psi} < 0 \tag{E.2}$$

$$\frac{da}{d\psi} < 0 \tag{E.3}$$

Die in ψ sinkende Verzerrung und der sinkende Arbeitseinsatz folgen ausschliesslich aus der tieferen Pay Performance-Sensitivität, da ψ keinen direkten Effekt weder auf die Verzerrung noch auf den Arbeitseinsatz hat.

zu 3: Komparative Statik in Bezug auf die Produktivität des Arbeitseinsatzes γ

$$\frac{d\beta_d}{d\gamma} = \frac{2 \cdot \gamma \cdot p_b \cdot c_b \cdot \beta_P \cdot c_a \cdot (\psi + \rho \cdot \beta_P \cdot \sigma_y^2 \cdot p_b \cdot c_b + \beta_P)}{(\rho \cdot \beta_P^2 \cdot \sigma_y^2 \cdot c_a \cdot p_b \cdot c_b + \gamma^2 \cdot p_b \cdot c_b + \beta_P^2 \cdot c_a)^2} > 0$$

$$\frac{db}{d\gamma} > 0$$

$$\frac{da}{d\gamma} = \frac{\partial a}{\partial \beta_d} \cdot \frac{\partial \beta_d}{\partial \gamma} + \frac{\partial a}{\partial \gamma} > 0 \tag{E.4}$$

Die in γ steigende Verzerrung folgt ausschliesslich aus der sinkenden Pay Performance-Sensitivität, da γ keinen direkten Effekt auf die Verzerrung hat. Für (E.4) gilt: Da alle Brüche auf der rechten Seite positiv sind, muss die gesamte Ableitung ebenfalls positiv sein.

zu 4: Komparative Statik in Bezug auf die Unsicherheit des Gewinnsignals $\sigma_{\varepsilon_1}^2$

$$\frac{d\beta_d}{d\sigma_{\varepsilon_1}^2} = \overbrace{\frac{\partial \beta_d}{\partial \sigma_{\varepsilon_1}^2}}^{-} + \overbrace{\frac{\partial \beta_d}{\partial \beta_P}}^{-} \cdot \overbrace{\frac{\partial \beta_P}{\partial d\sigma_{\varepsilon_1}^2}}^{-} \gtrless 0 \tag{E.5}$$

$$\frac{db}{d\sigma_{u_1}^2} = \overbrace{\frac{\partial b}{\partial \sigma_{\varepsilon_1}^2}}^{0} + \overbrace{\frac{\partial b}{\partial \beta_P}}^{+} \cdot \overbrace{\frac{\partial \beta_P}{\partial \sigma_{\varepsilon_1}^2}}^{-} + \overbrace{\frac{\partial b}{\partial \beta_d}}^{+} \cdot \left[\overbrace{\frac{\partial \beta_d}{\partial \sigma_{\varepsilon_1}^2}}^{-} + \overbrace{\frac{\partial \beta_d}{\partial \beta_P}}^{-} \cdot \overbrace{\frac{\partial \beta_P}{\partial d\sigma_{\varepsilon_1}^2}}^{+} \right] \gtrless 0 \tag{E.6}$$

$$\frac{da}{d\sigma_{\varepsilon_1}^2} \gtrless 0 \tag{E.7}$$

Für (E.5) und (E.6) kann keine eindeutige Aussage über die Wirkungsweise getroffen werden, da gegenläufige Effekte wirken. Das Vorzeichen von (E.7) kann ebenfalls nicht direkt bestimmt werden. $\frac{da}{d\sigma^2_{\varepsilon_1}}$ wirkt allerdings immer in die gleiche Richtung wie $\frac{d\beta_d}{d\sigma^2_{\varepsilon_1}}$, da der geringere Arbeitseinsatz ausschliesslich aus der geringeren Pay Performance-Sensitivität folgt.

Literaturverzeichnis

Alles u. a. 2004
ALLES, Michael ; KOGAN, Alexander ; VASARHELYI, Miklos: The Law of Unintended Consequences? Assessing the Costs, Benefits and Outcomes of the Sarbanes-Oxley Act. In: *Information Systems Control Journal* 1 (2004), S. 1–5

Baglioni und Colombo 2006
BAGLIONI, Angelo ; COLOMBO, Luca: Managers' Compensation and Misreporting. A Costly State Verification Approach. Università Cattolica, Milano, 2006. – Working Paper

Ball 2001
BALL, Ray: Infrastructure Requirements for an Economically Efficient System of Public Financial Reporting and Disclosure. In: *Brookings-Wharton Papers on Financial Services* (2001), S. 127–169

Ballwieser und Dobler 2003
BALLWIESER, Wolfgang ; DOBLER, Michael: Bilanzdelikte: Konsequenzen, Ursachen und Massnahmen zu ihrer Vermeidung. In: *Die Unternehmung* 57 (2003), S. 449–469

Berger und Berger 1999
BERGER, Lance A. ; BERGER, Dorothy R.: *The Compensation Handbook.* 4. Auflage. New York : McGraw-Hill, 1999

Berle und Means 1932

BERLE, Adolph ; MEANS, Gardiner: *The Modern Corporation and Private Property*. New York : Macmillan, New York, 1932

Böckem 2000

BÖCKEM, Hanne: *Die Durchsetzung von Rechnungslegungsstandards. Eine kapitalmarktorientierte Untersuchung*. Frankfurt a.M. : Lang, 2000

Böcking 2003

BÖCKING, Hans-Joachim: Audit und Enforcement: Entwicklungen und Probleme. In: *Zeitschrift für betriebswirtschaftliche Forschung* 55 (2003), S. 683–706

Böckli 2000

BÖCKLI, Peter: Corporate Governance auf Schnellstrassen und Holzwegen. In: *Der Schweizer Treuhänder* 3 (2000), S. 133–152

Brown und Jennings 1989

BROWN, David P. ; JENNINGS, Robert H.: On Technical Analysis. In: *Review of Financial Studies* 2 (1989), S. 527–551

Combined Code 2003

COMBINED CODE: *The Combined Code of Corporate Governance*. London, 2003

DeFusco u. a. 1990

DEFUSCO, Richard A. ; JOHNSON, Robert R. ; ZORN, Thomas S.: The Effect of Executive Stock Option Plans on Stockholders and Bondholders. In: *Journal of Finance* 45 (1990), S. 617–627

Demski u. a. 2004

DEMSKI, Joel S. ; FRIMOR, Hans ; SAPPINGTON, David E.: Efficient Manipulation in a Repeated Setting. In: *Journal of Accounting Research* 42 (2004), S. 31–49

Dutta und Gigler 2002

DUTTA, Sunil ; GIGLER, Frank: The Effect of Earnings Forecasts on

Earnings Management. In: *Journal of Accounting Research* 40 (2002), S. 631–655

Dye 1985

DYE, Ronald A.: Disclosure of Nonproprietary Information. In: *Journal of Accounting Research* 23 (1985), S. 123–145

Dye 2001

DYE, Ronald A.: An Evaluation of "Essays on Disclosure" and the Disclosure Literature in Accounting. In: *Journal of Accounting and Economics* 32 (2001), S. 181–235

Ettredge u. a. 2002

ETTREDGE, Michael ; KWON, Soo-Young ; SMITH, David: Competitive Harm and Companies' Positions on SFAS No. 131. In: *Journal of Accounting Auditing and Finance* (2002), S. 93–109

European Corporate Governance Institute 2006

EUROPEAN CORPORATE GOVERNANCE INSTITUTE: Index of Codes. 2006. – abzurufen unter: http://www.ecgi.org/codes/all_codes.php

Ewert und Wagenhofer 2005

EWERT, Ralf ; WAGENHOFER, Alfred: Economic Effects of Tightening Accounting Standards to Restrict Earnings Management. In: *The Accounting Review* 80 (2005), S. 1101–1124

Fama 1970

FAMA, Eugene F.: Efficient Capital Markets: A Review of Theory and Empirical Work. In: *Journal of Finance* 25 (1970), S. 383–417

Fama und Jensen 1983

FAMA, Eugene F. ; JENSEN, Michael C.: Separation of Ownership and Control. In: *Journal of Law and Economics* 26 (1983), S. 301–325

Fischer und Stocken 2004

FISCHER, Paul E. ; STOCKEN, Phillip C.: Effect of Investor Speculation on Earnings Management. In: *Journal of Accounting Research* 42 (2004), S. 843–870

Fischer und Verrecchia 2000
FISCHER, Paul E. ; VERRECCHIA, Robert E.: Reporting Bias. In: *The Accounting Review* 75 (2000), S. 229–245

Goldman und Slezak 2005
GOLDMAN, Eitan ; SLEZAK, Steve L.: An Equilibrium Model of Incentive Contracts in the Presence of Information Manipulation. University of North Carolina, Chapel Hill, 2005. – Working Paper

Göx und Heller 2006
GÖX, Robert F. ; HELLER, Uwe: Risiken und Nebenwirkungen der Offenlegungspflicht von Vorstandsbezügen: Individual- vs. Kollektivausweis. Universiät Fribourg, 2006. – Working Paper

Graham u. a. 2005
GRAHAM, John R. ; HARVEY, Campbell R. ; RAJGOPAL, Shivaram: The Economic Implications of Corporate Financial Reporting. In: *Journal of Accounting and Economics* 40 (2005), S. 3–73

Greene 2003
GREENE, William: *Econometric Analysis*. 5. Auflage. Prentice Hall, 2003

Grossman 1981
GROSSMAN, Sanford J.: The Role of Warranties and Private Disclosure about Product Quality. In: *Journal of Law and Economics* 24 (1981), S. 461–483

Grundfest und Perino 1997
GRUNDFEST, Joseph A. ; PERINO, Michael A.: Securities Litigation Reform: The First Year's Experience. Stanford University Law School, 1997. – Working Paper

Hax 1988
HAX, Herbert: Rechnungslegungsvorschriften - Notwendige Rahmenbedingungen für den Kapitalmarkt. In: DOMSCH, M. (Hrsg.) ; EISENFÜHR, F. (Hrsg.) ; ORDELHEIDE, D. (Hrsg.) ; PERLITZ, M. (Hrsg.): *Unternehmenserfolg, Planung - Ermittlung - Kontrolle, Walther Busse von Colbe zum 60. Geburtstag.* 1988, S. 187–201

Healy und Wahlen 1999
HEALY, Paul M. ; WAHLEN, James M.: A Review of the Earnings Management Literature and Its Implications for Standard Setting. In: *Accounting Horizons* 13 (1999), S. 365–384

Heckman 1979
HECKMAN, James J.: Sample Bias as a Specification Error. In: *Econometrica* 47 (1979), S. 153–161

Holmström 1979
HOLMSTRÖM, Bengt: Moral Hazard and Observability. In: *Bell Journal of Economics* 10 (1979), S. 74–91

Holthausen u. a. 1995
HOLTHAUSEN, Robert W. ; LARCKER, David F. ; SLOAN, Richard G.: Annual Bonus Schemes and the Manipulation of Earnings. In: *Journal of Accounting and Economics* 19 (1995), S. 29–74

Hutton u. a. 2003
HUTTON, Amy P. ; MILLER, Gregory S. ; SKINNER, Douglas J.: The Role of Supplementary Statements with Management Earnings Forecasts. In: *Journal of Accounting Research* 41 (2003), S. 867–890

Jensen 2004
JENSEN, Michael C.: Agency Costs of Overvalued Equity. Harvard Business School and The Monitor Group, 2004. – ECGI Finance Working Paper No. 39/2004

Jensen und Murphy 1990
JENSEN, Michael C. ; MURPHY, Kevin J.: Performance Pay and Top-Management Incentives. In: *Journal of Political Economy* 98 (1990), S. 225–264

Jovanovic 1982
JOVANOVIC, Boyan: Truthful Disclosure of Information. In: *Bell Journal of Economics* 13 (1982), S. 36–44

Jung und Kwon 1988
JUNG, Woon-Oh ; KWON, Young K.: Disclosure When the Market Is Unsure of Information Endowment of Managers. In: *Journal of Accounting Research* 26 (1988), S. 146–153

Karpoff 1987
KARPOFF, Jonathan M.: The Relation between Price Changes and Trading Volume: A Survey. In: *Journal of Financial and Quantitative Analysis* 22 (1987), S. 109–126

Kim und Verrecchia 1991
KIM, Oliver ; VERRECCHIA, Robert E.: Market Reactions to Anticipated Announcements. In: *Journal of Financial Economics* 30 (1991), S. 273–309

Knirsch und Schiller 2001
KNIRSCH, Deborah ; SCHILLER, Ulf: Management-Kompensation zwischen Theorie und Praxis. In: *IAW-Mitteilungen* 28 (2001), S. 22–30

Korn 2002
KORN, Evelyn: Enforcement von Rechnungslegungsstandards: Welche Wirkung hat das Strafmaß? In: *Deutsches Steuerrecht* 35 (2002), S. 1500–1504

Korn 2004
KORN, Evelyn: Voluntary Disclosure of Partially Verifiable Information. In: *Schmalenbach Business Review* 56 (2004), S. 139–163

Korn und Schiller 2003
KORN, Evelyn ; SCHILLER, Ulf: Voluntary Disclosure of Nonproprietary Information - A Complete Equilibrium Characterization. In: *Journal of Business Finance and Accounting* 30 (2003), S. 1327–1339

Kothari 2001
KOTHARI, S.P.: Capital Markets Research in Accounting. In: *Journal of Accounting and Economics* 31 (2001), S. 105–231

Lambert 2001
LAMBERT, Richard A.: Contracting Theory and Accounting. In: *Journal of Accounting and Economics* 32 (2001), S. 3–87

Levine und Smith 2003
LEVINE, Carolyn B. ; SMITH, Michael J.: Ex Post Voluntary Disclosure Strategies for Insiders. In: *Contemporary Accounting Research* 20 (2003), S. 719–746

Levitt 1998
LEVITT, Arthur: The Numbers Game, Remarks at New York University. 1998. – abzurufen unter: http://www.sec.gov/news/speech/speecharchive/1998/spch220.txt

Lintner 1969
LINTNER, John: The Aggregation of Investors' Diverse Judgements and Preferences in Purely Competitive Security Markets. In: *Journal of Financial and Quantitative Analysis* 4 (1969), S. 347–400

Lundholm 1988
LUNDHOLM, Russel J.: Price-Signal Relations in the Presence of Correlated Public and Private Information. In: *Journal of Accounting Research* 26 (1988), S. 107–118

Meier-Hayoz und Forstmoser 2004
MEIER-HAYOZ, Arthur ; FORSTMOSER, Peter: *Schweizerisches Gesellschaftsrecht.* 9. Auflage. Bern : Stämpfli Verlag, 2004

Merton 1987

MERTON, Robert C.: A Simple Model of Capital Market Equilibrium with Incomplete Information. In: *Journal of Finance* 42 (1987), S. 483–510

Milgrom 1981

MILGROM, Paul R.: Good News and Bad News: Representation Theorems and Applications. In: *Bell Journal of Economics* 12 (1981), S. 380–391

Murphy 1999

MURPHY, Kevin J.: Executive Compensation. In: ASHENFELTER, O. (Hrsg.) ; CARD, D. (Hrsg.): *Handbook of Labor Economics*. North Holland Publishers, 1999, S. 2485–2563

o.V. 2006

O.V.: Optionen-Skandal schlägt in der Schweiz keine hohen Wellen. In: *Neue Zürcher Zeitung vom 11. August 06* (2006), S. 29

Pae 1999

PAE, Suil: Acquisition and Discretionary Disclosure of Private Information and Its Implications for Firms' Productive Activities. In: *Journal of Accounting Research* 37 (1999), S. 465–474

Pae 2004

PAE, Suil: Corrigendum to "Acquisition and Discretionary Disclosure of Private Information and its Implications for Firms' Productive Activities". In: *Journal of Accounting Research* 42 (2004), S. 121

Passardi-Allmendinger 2006

PASSARDI-ALLMENDINGER, Silvia: *Corporate Governance und Gehaltstransparenz*. Wiesbaden : Deutscher Universitätsverlag, 2006

Pellens u. a. 2006

PELLENS, Bernhard ; FÜLBIER, Rolf-Uwe ; GASSEN, Joachim: *Internationale Rechungslegung*. 6. Auflage. Stuttgart : Schäffer Poeschel, 2006

Penno 1997
PENNO, Mark C.: Information Quality and Voluntary Disclosure. In: *The Accounting Review* 72 (1997), S. 275–284

Pfaff 1989
PFAFF, Dieter: *Gewinnverwendungsregelungen als Instrument zur Lösung von Agency-Problemen: Ein Beitrag zur Diskussion um die Reformierung der Ausschüttungskompetenz in Aktiengesellschaften.* Frankfurt am Main, Bern : Lang, 1989

Rasonyi 2005
RASONYI, Peter: Volle Transparenz deutscher Chefgehälter. In: *Neue Zürcher Zeitung vom 12. März 05* (2005)

Ronen 2005
RONEN, Joshua: *Earnings Management in the 21st Century.* Berlin, Heidelberg : Springer Verlag, 2005

Sampford 1953
SAMPFORD, A.M.: Some Inequalities on Mill's Ratio and Related Functions. In: *Annals of Mathematical Statistics* 24 (1953), S. 130–132

Schiller 2000
SCHILLER, Ulf: *Informationsorientiertes Controlling in dezentralisierten Unternehmen.* Stuttgart : Schäffer Poeschel, 2000

Schwarz 2006
SCHWARZ, Gerhard: Remedur durch ein neues Aktienrecht. In: *Neue Zürcher Zeitung vom 19. Mai 06* (2006)

SEC 2000
SEC: Final Rule: Selective Disclosure and Insider Trading, Release Nos. 33-7881, 34-43154, IC-24599, File No. S7-31-99. 2000. – abzurufen unter: http://www.sec.gov/rules/final/33-7881.htm

SEC 2006
SEC: Final Rule: Executive Compensation and Related Person Dis-

closure, Release Nos. 33-8732A, 34-54302A, IC-27444A, File No. S7-03-06. 2006. – abzurufen unter: http://www.sec.gov/rules/final/2006/33-8732afr.pdf

Stein 1989
STEIN, Jeremy C.: Efficient Capital Markets, Inefficient Firms: A Model of Myopic Corporate Behavior. In: *Quarterly Journal of Economics* 104 (1989), S. 655–669

Stocken 2000
STOCKEN, Phillip C.: Credibility of Voluntary Disclosure. In: *RAND Journal of Economics* 31 (2000), S. 359–374

Swiss Code 2002
SWISS CODE: *Swiss Code of Best Practice for Corporate Governance.* Bern : Economiesuisse, 2002

SWX 2000
SWX: Richtlinie betr. Durchsetzung der Rechnungslegungsvorschriften und Registrierung der Revisionsorgane. 2000. – abzurufen unter: http://www.swx.com/admission/regulation/guidelines_de.html

Towers Perrin 2005
TOWERS PERRIN: *Equity Incentives Around the World.* Towers Perrin HR Services, 2005

Verrecchia 1983
VERRECCHIA, Robert E.: Discretionary Disclosure. In: *Journal of Accounting and Economics* 5 (1983), S. 179–194

Wagenhofer 1990
WAGENHOFER, Alfred: Voluntary Disclosure with a Strategic Opponent. In: *Journal of Accounting and Economics* 12 (1990), S. 341–363

Wagenhofer 2005
WAGENHOFER, Alfred: *Internationale Rechnungslegungsstandards - IAS/IFRS.* 5. Auflage. Frankfurt a.M. : Redline Wirtschaft, 2005

Wagenhofer und Ewert 2003
WAGENHOFER, Alfred ; EWERT, Ralf: *Externe Unternehmensrechnung*. Berlin, Heidelberg : Springer Verlag, 2003

Waymire 1984
WAYMIRE, Gregory: Additional Evidence on the Information Content of Management Earnings Forecasts. In: *Journal of Accounting Research* 22 (1984), S. 703–718

Wüstemann 2002
WÜSTEMANN, Jens: Normdurchsetzung in der deutschen Rechnungslegung – Enforcement nach dem Vorbild der USA? In: *Betriebs-Berater* 57 (2002), S. 718–725